传承中华文化精髓

建构国人精神家园

老 子

[春秋] 李耳 / 著 乙力 / 注译

图书在版编目（CIP）数据

老子/（春秋）李耳著；乙力注译.—成都：天地出版社，2021.10
（中华优秀传统文化经典随身读）
ISBN 978-7-5455-6100-5

Ⅰ.①老… Ⅱ.①李… ②乙… Ⅲ.①道家 ②《道德经》- 青少年读物 Ⅳ.①B223.1-49

中国版本图书馆CIP数据核字（2021）第215800号

LAOZI
老子

出 品 人	杨 政
作 者	[春秋] 李 耳
注 译	乙 力
责任编辑	陈文龙　赵雪娇
装帧设计	挺有文化
责任印制	王学锋
出版发行	天地出版社 （成都市槐树街2号　邮政编码：610014） （北京市方庄芳群园3区3号　邮政编码：100078）
网　　址	http://www.tiandiph.com
电子邮箱	tianditg@163.com
经　　销	新华文轩出版传媒股份有限公司
印　　刷	河北鹏润印刷有限公司
版　　次	2021年10月第1版
印　　次	2021年10月第1次印刷
开　　本	830mm×1110mm 1/32
印　　张	6.5
字　　数	175千字
定　　价	29.80元
书　　号	ISBN 978-7-5455-6100-5

版权所有◆违者必究

咨询电话：(028) 87734639（总编室）
购书热线：(010) 67693207（营销中心）

如有印装错误，请与本社联系调换

出版说明

中华民族历史悠久,源远流长。五千年的中华文明光辉灿烂,硕果累累,对后世产生了积极而深远的影响。作为华夏儿女,这是值得我们每一个人骄傲和自豪的。

中华优秀传统文化,是中华民族语言习惯、文化传统、思想观念、情感认同的集中体现,凝聚着中华民族普遍认同和广泛接受的道德规范、思想品格和价值取向,具有极为丰富的思想内涵。

习近平总书记指出,"中华优秀传统文化是我们最深厚的文化软实力,也是中国特色社会主义植根的文化沃土"。中华优秀传统文化,滋养了中华民族的民族精神,赋予了中华民族伟大的生命力和凝聚力,是中华文明成果的创造力源泉。继承和发展中华优秀传统文化,学习、掌握其中的各种思想精华,不仅对我们树立正确的世界观、人生观、价值观大有裨益,而且对我们处理各种社会事务也能提供有益的启发和指导。

为弘扬中华优秀传统文化，满足广大读者对优秀传统文化的阅读需求，我们编选了这套"中华优秀传统文化经典随身读"丛书。本丛书汇集经典的中华优秀传统文化名著，选目范围包括文学、历史、哲学、军事、教育等等，基本涵盖了传统文化的各个类别。

为便于广大读者对传统经典的学习和吸收，我们在编选过程中对古文原文采取了注释和翻译等处理方式，以消除阅读中的障碍。希望通过这套丛书，能让广大的读者对中华优秀传统文化有一个更好的认识和理解，在传承和发扬中华优秀传统文化的同时，也能使个体获得启迪和教益。

前 言

《老子》,又称《道德经》,是中国道家的主要经典。据传该书是在春秋末期由老子所著。

老子,春秋时期的思想家,道家学说的创始人。据司马迁的《史记》记载,老子姓李,名耳,字聃,楚国苦县(今河南鹿邑县)人,曾做过周王室管理藏书的官。在当时,老子是一个颇有声望的智者,其学识举世闻名。孔子就曾向他请教过关于"礼"的问题,并称他为"龙"。由于周王室的衰弱和内乱不断,老子弃官归隐,跨青牛而去。行至函谷关,老子应守关者关令尹喜的请求,写成了一部书,这部书就是《老子》。

《老子》共5000余言,原分上下两篇,通常称上篇为"道经",下篇为"德经",合称《道德经》。全书言简意赅,博大精深,内容极为丰富。在书中,老子以其独有的视角,探究了宇宙的形成、万物的本源、国家的治理等一系列重大的哲学和政治问题,发前人所未发,述前人所未述,并且提出了"道""自然""无为"等著名的哲学概念,成为中国哲学的基石之作。概括起来,《老子》的内容主要有三,即谈宇宙、谈人生、谈政治。

《老子》中明确提出，天地万物的本源不是天帝，而是"道"。《老子》中谈道、谈天道，不仅是为了对宇宙的形成和自然规律做一个阐述，更是为了给探讨人生和社会政治准备一个前提。老子主张道法自然，道的准则完全适合于人类生活，老子的宇宙观是其人生观、政治观的基础。《老子》中对人生、对政治的阐述，就是在这样的背景下展开的。

《老子》中所体现的人生观有两个基本特点：就自我而言，讲究珍惜身体；就人与人的关系而言，主张柔弱不争。有道的人少私寡欲，见朴抱素，专气和淳，加强自身修行。书中还提出了一系列与柔弱不争思想一致的观点，如致虚守静、不敢为天下先、不自是、不自伐等等，这些以退为进、以静制动的思想与柔弱不争共同体现了《老子》中人生哲学的特色。

《老子》对政治问题的探讨反映了老子的政治观。在书中，老子提出了"无为"的政治主张，认为"无为"是治理天下所应遵循的最高原则。《老子》所倡导的"无为"并不是号召君王什么也不做，而是不妄为，是顺乎自然发展，具体地说，就是不扰民和顺民心。

《老子》一书，虽只有5000余言，但内容之丰富，恐怕没有几本书能与之相比。这本道家思想的代表作，还作为儒家思想的补充，共同建构了中华民族传统的思想文化。

为了能让读者更直观更全面地了解和体味先哲们的生活状况及其思想内涵，书中特意精选了大量精美人物插图和先哲们的生活场景图。这些插图与书中文字相得益彰，相映成趣，让读者在获取知识的同时，享受轻松愉悦的阅读体验。

目 录

《道 经》

一 章 …………………… 003

二 章 …………………… 007

三 章 …………………… 010

四 章 …………………… 012

五 章 …………………… 014

六 章 …………………… 016

七 章 …………………… 018

八 章 …………………… 020

九 章 …………………… 022

十 章 …………………… 024

章节	页码
十一章	027
十二章	029
十三章	031
十四章	034
十五章	037
十六章	040
十七章	043
十八章	045
十九章	047
二十章	049
二十一章	053
二十二章	056
二十三章	059
二十四章	061
二十五章	063
二十六章	066

二十七章 ……………………… 068

二十八章 ……………………… 070

二十九章 ……………………… 073

三十章 …………………………… 075

三十一章 ……………………… 077

三十二章 ……………………… 080

三十三章 ……………………… 083

三十四章 ……………………… 085

三十五章 ……………………… 087

三十六章 ……………………… 089

三十七章 ……………………… 094

德 经

三十八章 ……………………… 095

三十九章 ……………………… 098

四十章 …………………………… 101

四十一章 ……………………… 102

章节	页码
四十二章	105
四十三章	107
四十四章	109
四十五章	111
四十六章	113
四十七章	115
四十八章	117
四十九章	119
五十章	121
五十一章	123
五十二章	126
五十三章	128
五十四章	130
五十五章	133
五十六章	136
五十七章	138

五十八章 …… 140

五十九章 …… 143

六十章 …… 145

六十一章 …… 147

六十二章 …… 150

六十三章 …… 152

六十四章 …… 154

六十五章 …… 157

六十六章 …… 159

六十七章 …… 161

六十八章 …… 164

六十九章 …… 166

七十章 …… 168

七十一章 …… 170

七十二章 …… 172

七十三章 …… 174

七十四章	176
七十五章	178
七十六章	180
七十七章	182
七十八章	185
七十九章	187
八十章	189
八十一章	192

《道 经》

一 章

【题解】

作为中国古典哲学中主要范畴之一的"道",最早是由老子在《道德经》里提出来的。此后的哲学家们在解释"道"这一范畴时并不完全一致。有的认为它是一种物质性的东西,是构成宇宙万物的元素;有的认为它是一种精神性的东西,同时也是产生宇宙万物的源泉。不过在对"道"的解释中,学者们也有大致相同的认识,即认为它是运动变化的,而非僵化静止的;宇宙万物包括自然界、人类社会和人的思维等一切运动,都是遵循"道"的规律而发展变化。总之,在这一章里,老子说"道"产生了天地万物,但它不可以用语言来说明,非常深邃奥妙,并不是轻而易举地可以领会的,这需要一个从"无"到"有"的循序渐进的过程。

【原文】

道可道[1]，非常道[2]；名可名[3]，非常名。

【注释】

[1] 道可道：第一个"道"的意思是规律、法则。第二个"道"的意思是道说。

[2] 常道：永恒不变的规律。常，永恒。

[3] 名可名：可以叫得出的名字，也即具体事物的名字。具体事物总会消失的，它们的名字当然也要跟着消失，所以下一句说它们"非常名"。

【译文】

可以用语言表达的规律，就不是永恒不变的规律；可以叫得出的名字，就不是永恒不变的名字。

【原文】

无名[1]，天地之始；有名[2]，万物之母。

【注释】

[1] 无名：没有名字的东西，实际即"无"。无，虚无，这里指空间。

[2] 有名：有名字的东西。这里泛指存在的物质。

【译文】

无名，是万物的原始；有名，是万物的开端。

一　章

【原文】

故常无欲[1]，以观其妙[2]；常有欲，以观其徼[3]。

【注释】

[1] 有人从"常无""常有"后断句，但帛书于两个"欲"字后有"也"字。通观全书，于"欲"字后断句较为合理。

[2] 其妙：指天地万物的微妙之处。其，代指上文的"天地""万物"。

[3] 徼：通"邀"，有追求、求索之义，引申为"功用"。

【译文】

所以，如果一个人经常保持清静无欲，就可以观察天地万物的微妙之处；如果经常保持有欲追求，可以知晓道的功用。

【原文】

此两者，同出而异名[1]，同谓之玄[2]。玄之又玄[3]，众妙之门[4]。

【注释】

[1] 此两者，同出而异名：两者，指"无"与"有"。没有"无"就没有"有"，反之亦然。同出，一般认为应解为"同一个来源"，也就是说，"无"指"道"，"有"指"天地"，那么"无"与"有"就不是"皆自于道"，而是"有"来自"无"。

[2] 玄：玄妙。

[3] 玄之又玄：不断探索奥妙。这两个"玄"都用如动词，是探索奥妙的意思。"玄之又玄"，即探索再探索的意思，与四十八章"损之又损"句式一样。

〔4〕众妙之门：万物奥妙的源头。

【译文】

空间与物质同出一处而有不同的名称，它们都很玄妙。如果不断地去探索它们，就可以找到通向万物奥秘的源头。

二 章

【题解】

《道德经》中含有丰富的辩证法思想,这是学术界普遍认同的。在这一章里,老子认为一切事物都有自己的对立面,失去其中的一方,另一方也就随之消失。他罗列出如下一些相互对立的事物——美丑、善恶、有无、难易、长短、高下、前后等,用以说明相互对立是事物存在的普遍形式,事物相互对立又相互依存。处于矛盾对立的客观世界,人们应当如何对待呢?老子提出了"无为"的观点。此处所讲的"无为"不是无所作为、随心所欲,而是要以辩证的原则指导人们的社会生活,帮助人们寻找顺应自然、遵循事物客观发展的规律。他以圣人为例,教导人们要有所作为,但不是强作妄为。学术界有人认为第一章是全书的总纲;也有人认为前两章是全书的引言,全书的宗旨都在其中。

【原文】

天下皆知美之为美,斯恶已[1];皆知善之为善,斯不善已[2]。

【注释】

[1]斯恶已:就显露出丑恶的东西来。斯,此,为指示代词。恶,丑恶,此处用作名词。已,通"矣",语气词。

〔2〕斯不善已：已有不善的存在。

【译文】

天下的人都知道美好的事物是美的，那是因为有丑恶的存在；都知道善良的事物是善的，那是因为已有不善的存在。

【原文】

故有无相生〔1〕，难易相成，长短相形〔2〕，高下相倾〔3〕，音声相和〔4〕，前后相随。

【注释】

〔1〕有无相生：物质和空间相依而生。
〔2〕相形：相互比较。形，比较。
〔3〕相倾：相互依赖。倾，偏侧，引申为依赖。
〔4〕音声相和：音和声相互应和。形成音乐节奏的为音，简单的发音为声。

【译文】

有和无相依而生，难和易在相互对应中得以形成，长和短在相互比较中得以显现，高和下在相互依赖中得以存在，音和声相互应和，前和后相互追随。

【原文】

是以圣人处无为之事〔1〕，行不言之教。万物作焉而不辞〔2〕，生而不有，为而不恃〔3〕，功成而弗居。夫唯弗居，是以不去〔4〕。

二 章

【注释】

〔1〕处无为之事:做顺应自然的事。处,行,做。无为,顺应自然,不胡作非为。

〔2〕作:兴起。不辞:不拒绝,不限制。

〔3〕为而不恃(shì):帮助万物而不自恃其能。为,帮助。恃,依赖。

〔4〕是以不去:因此不会失去。

【译文】

所以圣人所做的事就是顺应自然而不胡作非为,圣人的教育就是注重身教而不提倡言语教化。万物兴起而不加以限制,滋养了万物而不据为己有,帮助了万物而不自恃其能,建立了功劳而不居功。正因为不居功,所以也不会失去功。

三 章

【题解】

老子生活的春秋末期,天下大乱,国与国之间互相征战、兼并,大国称霸,小国自保,统治者们为了维持自己的统治,纷纷招揽贤才,用以治国安邦。当时的社会处处崇尚贤才,许多学派和学者都提出"尚贤"的主张,这原本是为国家之本着想。然而,在"尚贤"的旗号下,一些富有野心的人,竞相争权夺位,抢占钱财,给民间带来恶劣影响。一时间,民心紊乱,盗贼四起,社会处于大动荡、大变动之中。针对社会上被人们所推崇的"尚贤"这一主张,老子在第三章里提出"不尚贤"的观点,同时也批评了由"尚贤"引起的追求物质利益的欲望。

【原文】

不尚贤[1],使民不争;不贵难得之货,使民不为盗[2];不见可欲[3],使民心不乱。

三 章

【注释】

〔1〕尚贤:尊崇贤人。尚,崇尚。
〔2〕为盗:当盗贼。为,当。
〔3〕不见(xiàn)可欲:不显露那些可以引起欲望的事物。见,通"现",显露。

【译文】

不尊崇贤能之人,使百姓不起纷争;不看重贵重物品,使百姓不做盗贼;不显露那些可以引起欲望的事物,使百姓心绪不乱。

【原文】

是以圣人之治,虚其心〔1〕,实其腹,弱其志〔2〕,强其骨,常使民无知无欲,使夫知者不敢为也〔3〕。为无为〔4〕,则无不治〔5〕。

【注释】

〔1〕虚其心:净化民众的心灵。其,指百姓。
〔2〕志:这里指欲望。
〔3〕不敢为:不敢妄为。
〔4〕为无为:执行无为政策。第一个"为"是动词,执行。
〔5〕治:安定,太平。

【译文】

因此圣人治国的办法是,净化民众的心灵,填饱他们的肚皮,削弱他们的欲望,增强他们的体质,永远使百姓没有知识、没有欲望,使那些聪明人不敢妄为。执行无为政策,天下就会太平。

四 章

【题解】

在本章里，老子仍然在论述"道"的内涵。他认为，"道"是虚无的，无形无象，人们视而不见，触而不着，只能依赖于意识去感知它。虽然"道"是虚无的，但它并非一无所有，而是蕴含着物质世界的创造性因素。这种因素极为丰富，极其久远，存在于天地产生之先。因而，创造宇宙天地万物自然界的是"道"，而不是天地。这样，老子从物质方面再次解释了"道"的属性。

【原文】

道冲[1]，而用之或不盈[2]。

【注释】

[1]冲：空虚。
[2]或不盈：意为巨大的空间，因而能够无穷无尽地使用。盈，满，圆满。

【译文】

规律虽然空虚无形，它的作用却无穷无尽。

四 章

【原文】

渊兮[1]，似万物之宗[2]。挫其锐[3]，解其纷，和其光[4]，同其尘[5]。湛兮[6]，似或存。吾不知谁之子，象帝之先[7]。

【注释】

[1]渊：深邃复杂，难以认识。
[2]宗：宗主，主宰者。
[3]挫其锐：挫去万物的锋芒。其，代指万物。
[4]和其光：使万物的光芒（喻优点）柔和一些。与"挫其锐"近义。光，泛指人或物的长处、优点。在第五十八章中，老子认为圣人应做到"光而不耀"。
[5]尘：尘埃，比喻污垢、缺陷。与"光"相对。
[6]湛（zhàn）：深沉。
[7]象帝之先：似乎是天帝的祖先。象，似乎。

【译文】

规律是那样的深邃复杂，好像是万物的主宰。它不露锋芒，消解纷争，与日月齐光，与万物同尘。规律是幽隐虚无的，但又实际存在。我不知道是谁使它产生，只知道它似乎是天帝的祖先。

五 章

【题解】

本章的内容主要包括两方面的意思。一是老子再次表述了自己无神论的思想倾向,否定当时思想界存在的把天地人格化的观点。他认为天地是自然的存在,没有理性和感情,它的存在对自然界万事万物不会产生任何作用,因为万物在天地之间依照自身的规律变化发展,不受天、神、人的左右。二是老子又谈到"无为"的社会政治思想,这是对前四章内容的进一步发挥。他认为,作为圣人——理想的统治者,应当遵循自然规律,采取无为之治,任凭老百姓自作自息,繁衍生存,而不采取干预的态度和措施。

【原文】

天地不仁[1],以万物为刍狗[2];圣人不仁,以百姓为刍狗。

【注释】

[1] 仁:慈爱之心。这里有偏爱的意思。
[2] 刍(chú)狗:古代祭祀时使用的用草扎成的狗。

五 章

【译文】

天地无所偏爱,任凭万物自然生长;圣人无所偏爱,任凭百姓自然发展。

【原文】

天地之间,其犹橐籥乎[1]?虚而不屈[2],动而愈出。多言数穷[3],不如守中[4]。

【注释】

[1]橐(tuó)籥(yuè):风箱。

[2]屈:尽,竭。

[3]多言数穷:越多为就越行不通。言,除说话的意义外,这里还含有行动的意思。"多言"即多说。数,屡次,多。穷,困厄,行不通。

[4]守中:保持住天地中虚静的状态。中,象征着虚静无为的道体。

【译文】

天地之间这个大空间,不正像一个大风箱吗?虽然空虚却不会穷尽,越推拉风量越大(比喻越变化产生的事物越多)。议论越多,离道越远,不如长守道体虚静无为。

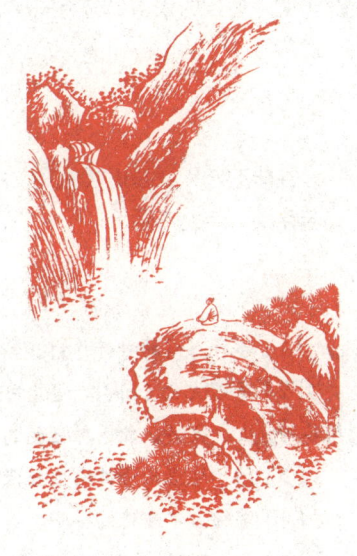

六 章

【题解】

老子在这一章里继续说明"道"的特征。他所运用的方法仍是比喻、借代。他用"谷"象征"道",说明"道"既是空虚的又是实在的;他用"神"比喻"道",说明"道"生万物,绵延不断;他用"玄牝之门"比喻"道"是产生万事万物的根源。他想说明"道"的作用是无穷无尽的,它孕育着宇宙万物而生生不息。

【原文】

谷神不死[1],是谓玄牝[2]。玄牝之门[3],是谓天地根。绵绵若存[4],用之不勤[5]。

【注释】

[1]谷神:道的神奇作用。谷,代指空虚的道。
[2]是谓玄牝(pìn):这就叫作玄妙的母体。是,代词,代指谷神。玄,玄妙。牝,雌性的鸟兽,这里泛指母体。
[3]门:这里指母体的生殖器官。
[4]绵绵:不断绝的样子。
[5]勤:"勤"应读作"觐",古代铜器铭文中,"勤""觐"

六　章

都写作"堇","覲"即"见"的意思。一说"勤"是"尽"义。

【译文】

道间的神妙作用是永远不会消失的,它好像一个玄妙的母体。而这一母体的生殖器官,就是产生万物的根源。绵密不断和川流不息,它的功用无穷无尽。

七 章

【题解】

在前面几章里,老子重点论述的是"道",用"道"来作为万事万物的根本。在本章里,他借用"天道"来论述"人道",用天地的运作无为去比喻"圣人"的行为没有贪私的心念。他认为,在其位的人,机会来得最方便,往往情不自禁地伸展一己的占有欲,甚至无限度地膨胀。老子理想中的"圣人"却能"后其身""外其身",不把自己的私利摆在前头,不从自己的私利考虑,这样的人自然会赢得众人的拥护,众人必然会把他推为统治者。这表现了他先人后己的谦退精神,有这种精神的人自然会获得大家的爱戴,同时,他自己也能实现其生命的价值。因而,这样的人由于处处为别人着想,他也便能够成就他的理想生活。这种先人后己的精神,对于后来的人们,是颇具启迪意义的。

【原文】

天长地久。天地所以能长且久者,以其不自生[1],故能长生。是以圣人后其身而身先[2],外其身而身存[3]。非以其无私邪?故能成其私。

七 章

【注释】

〔1〕不自生：不是为了自己的生存。

〔2〕后其身而身先：处处把自己的利益放在后面，反而能得到人们的拥护，结果占先了。

〔3〕外其身：把自己置之度外。

【译文】

天地长久存在。天地之所以能够长久存在，原因在于它们的存在不是为了自己，所以能长久存在。因此圣人把自己的利益放在最后，反而能占先；把自己置之度外，反而能够保全自己。不正是因为圣人不自私吗？所以反而成就了他的伟业。

八 章

【题解】

在上一章以天地之道推及人道之后,这一章又以自然界的水来喻人、教人。老子首先用水性来比喻有高尚品德者的人格,认为他们的品格像水那样,一是柔,二是停留在卑下的地方,三是滋润万物而不与争。完善的人格应该具有这种心态与行为。他们不但做有利于众人的事情而不与争,而且还愿意去众人不愿去的卑下的地方,愿意做别人不愿做的事情。他可以忍辱负重,任劳任怨,能尽其所能地贡献自己的力量去帮助别人,而不会与别人争功争名争利,这就是老子"善利万物而不争"的著名思想。

【原文】

上善若水[1]。水善利万物而不争,处众人之所恶[2],故几于道[3]。

【注释】

[1]上善:指道德高尚。
[2]所恶:所讨厌的地方。指低洼之地。

八　章

〔3〕几于道：差不多符合道的原则。几，接近。

【译文】

高尚的品格像水一样。水善于施利于万物而不与万物相争，安居于众人所讨厌的低洼之地，所以说它的行为差不多符合道的原则。

【原文】

居善地^{〔1〕}，心善渊^{〔2〕}，与善仁^{〔3〕}，言善信^{〔4〕}，正善治^{〔5〕}，事善能，动善时^{〔6〕}。夫唯不争，故无尤^{〔7〕}。

【注释】

〔1〕居善地：居住时善于选择地方。这个地方指卑下之地。本段中的"善"都是"善于"的意思。译文为了避免重复生硬，一律免去。

〔2〕渊：深，可容纳万物。

〔3〕与善仁：与别人交往要仁爱。与，交往。

〔4〕信：诚实。

〔5〕正善治：为政要顺道而善治。正，通"政"，执政。治，清静安定。

〔6〕时：选择时机。

〔7〕尤：过失，罪过。这里引申为灾难。

【译文】

安居卑下之位，思想如深渊包容万物，交往仁慈友爱，言语真实无欺，为政顺道而善治，办事有条不紊，行为择时而动。正因为它与人无争，所以没有灾难。

九 章

【题解】

这一章正面讲一般人的为人之道，主旨是要留有余地，不要把事情做得太过，不要被胜利冲昏头脑。老子认为，不论做什么事都不可过度，而应该适可而止。锋芒毕露、富贵而骄、居功贪位都是过度的表现，难免招致灾祸。一般人在名利当头的时候，没有不心醉神往的，没有不趋之若鹜的。老子在这里说出了知进而不知退、善争而不善让的祸害，希望人们把握好度，适可而止。本章的主旨在于写"盈"，"盈"即满溢、过度的意思，自满自骄都是"盈"的表现。持"盈"的结果，将不免于倾覆的祸患。所以老子谆谆告诫人们不可"盈"，一个人在成就了功名之后，就应当身退不盈，这才是长保之道。

【原文】

持而盈之[1]，不如其已[2]；揣而锐之[3]，不可长保。

【注释】

〔1〕持而盈之：做事要求圆满。持，握持，引申为做事。盈，圆满。

〔2〕已：停止。

九 章

[3]揣(zhuī)而锐之：锤锻而使之锐利。揣，锤击锻磨。锐，用作动词，使之锐。

【译文】

办事要求圆满完美，不如停止不干；刀刃锤锻得尖锐锋利，其锋刃不能持久。

【原文】

金玉满堂，莫之能守[1]；富贵而骄，自遗其咎[2]。功遂身退，天之道[3]。

【注释】

[1]莫之能守：莫能守之。莫，没有人。之，代指金玉。
[2]咎：灾难。
[3]天之道：大自然的规律。

【译文】

金玉满屋，没有人能保得住；富贵而傲慢，是自取灾难。功成身退，是自然规律。

十 章

【题解】

这一章着重讲修身的功夫。这里写了六句问话，似乎是把"道"运用于修身治国方面所做的几条总结，对一般人和统治者提出了概括的要求。本章每句的后半句似乎都是疑问，其实疑问本身就是最好的答案。老子认为人们无论是形体还是精神，无论是主观努力还是客观实际，都不可能是完全一致的；但是人们在现实生活中应该将精神和形体合而为一而不偏离，即使肉体生活与精神生活相和谐。这样就必须做到心境极其静定，洗清杂念，摒除妄见，懂得自然规律，加深自身的道德修养，也才能够"爱民治国"。

【原文】

载营魄抱一[1]，能无离乎？专气致柔[2]，能如婴儿乎？涤除玄览[3]，能无疵乎[4]？爱民治国，能无以智乎？天门开阖[5]，能为雌乎[6]？明白四达[7]，能无为乎？

【注释】

[1] 载：语助词，无实义。一说同"哉"，句尾语气词，应属上章。营魄：身体和灵魂。寄托之处叫营，古人认为肉体是灵

十 章

魂的寄托之所,所以把肉体叫作"营"。一说"营魄"即灵魂的意思。抱一:结为一体。道家反对魂不守舍的行为,后来的道教还把这一观点发展为重要的养生方法。

〔2〕专气致柔:专一精神,以达到柔弱状态。气,精神。

〔3〕涤(dí)除玄览:清除尘垢,保持心灵的清明。涤,洗。玄览,指心灵。"览"应作"鉴",镜子,比喻能观照万物的心。

〔4〕疵(cī):毛病,错误。

〔5〕天门开阖(hé):大自然的变化。天门,指自然。一说指耳目口鼻。开阖,即开闭,比喻变化。

〔6〕雌:柔和。

〔7〕四达:处处通达明白。

【译文】

使身体和灵魂结为一体,大概能够做到不相分离了吧?专一精神以达到柔弱状态,大概能够像婴儿一样了吧?清除尘垢以保持心灵的清明,大概能够不犯错误了吧?爱民治国,大概能够不使用智慧了吗?在自然的变化之中,大概能够安居于柔和的状态吧?明白通达,大概能够做到顺应自然吧?

【原文】

生之畜之[1]，生而不有，为而不恃[2]，长而不宰[3]，是谓玄德[4]。

【注释】

[1]畜之：养育万物。畜，养。之，代指万物。
[2]为而不恃：帮助万物却不占用它们。为，帮助。恃，依赖，引申为占用。
[3]长而不宰：使万物顺利生长却不做它们的主宰者。
[4]是谓玄德：这就算是高尚的品德。是，代指以上做法。玄，高深，高尚。

【译文】

（圣人）帮助万物繁殖、生长，生养了万物却不据为己有，帮助了万物却不占用它们，成就了万物却不做它们的主宰者，这可以算是高尚的品德。

十一章

【题解】

在现实社会生活中，一般人只注意实有的东西及其作用，而忽略了虚空的东西及其作用。对此，老子在本章里论述了"有"与"无"即实在之物与空虚部分之间的相互关系。他举例说明"有"和"无"是相互依存的、相互为用的。无形的东西能产生很大的作用，只是不容易被一般人所觉察。他特别把"无"的作用向人们显现出来。老子举了三个例子：车子的作用在于载人运货，器皿的作用在于盛装物品，房屋的作用在于供人居住，这是车、皿、室给人的便利。车子是由辐和毂等部件构成的，这些部件是"有"，毂中空虚的部分是"无"，没有"无"车子就无法行驶，当然也就无法载人运货，其"有"的作用也就发挥不出来了。器皿没有空虚的部分，即无"无"，就不能起到装盛东西的作用，其外壁的"有"也无法发挥作用。房屋同样如此，如果没有四壁门窗之中空的地方可以出入、采光、流通空气，人就无法居住，可见是房屋中的空的地方发挥了作用。本章所讲的"有"与"无"是就现象界而言的，与第一章所说的"有"与"无"不同，后者是就超现象界而言的，读者应注意加以区别。

【原文】

三十辐共一毂[1]，当其无[2]，有车之用；埏埴以为器[3]，当其无[4]，有器之用。凿户牖以为室[5]，当其无[6]，有室之用。故有之以为利[7]，无之以为用。

【注释】

[1] 三十辐共一毂（gǔ）：三十根辐条集中在一个车毂上。辐，车子的辐条。共，集中。毂，车轮中心有圆孔可以插轴的部分。

[2] 当其无：正因为车毂中有个空间。当，正，引申为正因为。无，空间，这里指车毂中间的圆孔。

[3] 埏（shān）埴（zhí）以为器：糅合黏土制造陶器。埏，揉。埴，黏土。

[4] 无：指陶器中空的地方。

[5] 户牖（yǒu）：门和窗。

[6] 无：指房屋中的空间。

[7] 有之：指物质部分，与下句中的"无（空间）之"相对。之，无实义。下句中的"之"与此同。

【译文】

三十根辐条集中在一个车毂上，正是因为有了车毂中的空间，才有了车的作用；揉搓黏土制造器皿，正是因为有了器皿中间的空间，才有了器皿的作用；开凿门窗修建房屋，正是因为有了房屋中的空间，才有了房屋的作用。所以说"有"是物体形成的条件，"无"才是物体功用之所在。

十二章

【题解】

对于这一章，人们普遍认为是老子针对奴隶主贵族贪欲奢侈、纵情声色而写的，是揭露和劝诫，也是严正警告。但在对此章具体解释时，却有两种截然不同的意见。一种意见说，老子从反对统治阶级腐朽生活出发，得出一般结论，即反对一切声色，否定发展文化。持此观点的人认为，老子所谓"为腹不为目"的说法，是把物质生活和精神文明对立起来，是他的愚民思想的一种表现，即只要给人们温饱的生活就可以了。这是彻底的文化否定论。另一种意见认为，老子所说的"五色""五音""五味"、围猎之乐、难得之货，并非都是精神文明，所以不存在把物质生活与精神文明对立起来的问题，而是反映了奴隶主贵族糜烂生活中那令人目盲、令人耳聋、令人心发狂的腐朽文化，这种文化的价值也不过等同于打猎之乐和难得之货。这两种意见都有自己的道理，有理解上的差异，也有学者自身价值观的区别。不过，此处的争论倒是提醒我们，今天在发展物质文明的同时，更要重视精神文明的发展，反对物欲横流引起的精神腐蚀。

【原文】

五色令人目盲[1]，五音令人耳聋[2]，五味令人口爽[3]，驰驰骋畋猎令人心发狂[4],难得之货令人行妨[5]。是以圣人为腹不为目[6],故去彼取此[7]。

【注释】

[1]五色:青、黄、赤、白、黑。这里泛指各种美丽的色彩。

[2]五音:宫、商、角、徵、羽,也叫五声。这里泛指美妙的音乐。

[3]五味:酸、苦、甘、辛、咸。这里泛指美食。爽:伤。

[4]驰骋(chěng):驱马奔驰。畋(tián)猎:打猎。狂:心疾,即今天所说的精神失常。

[5]行妨:品德、品行受到伤害。这里主要指盗窃、掠夺之类的恶行。

[6]目:这里泛指以上所说的各种耳目享受。

[7]去彼取此:去掉耳目享受,只求填饱肚子。彼,指上文讲的五色、五音、五味、畋猎等。此,指"为腹不为目"的生活。

【译文】

缤纷的色彩,使人目盲;美妙的音乐,使人耳聋;丰美的食物,使人口伤;驰马打猎,使人精神失常;珍贵物品,使人行为不端。所以圣人只关注民众能否温饱,摒弃耳目的奢望,使生活保持稳定正常。

十三章

【题解】

这一章讲的是人的尊严问题。老子强调"贵身"的思想，论述了宠辱对人身的危害。老子认为，一个理想的治者，首要在于"贵身"，不胡作妄为。只有珍重自身生命的人，才能珍重天下人的生命，也就可使人们放心地把天下的重责委任于他，让他担当治理天下的任务。在上一章里，老子说到"为腹不为目"的"圣人"，能够摒弃物欲的诱惑而保持生活安定。此章接着说"宠辱若惊"。在他看来，得宠者以得宠为殊荣，为了不致失去殊荣，便在赐宠者面前诚惶诚恐，曲意逢迎。他认为，"宠"和"辱"对于人的尊严之挫伤，结果并没有什么两样，受辱固然损伤了自尊，受宠何尝不损害人格尊严呢？得宠者总觉得受宠是一份意外的殊荣，便担心失去，因而人格尊严无形地受到损害。如果一个人未经受任何辱与宠，那么他在任何人面前都可以傲然而立，保持自己完整、独立的人格。

【原文】

宠辱若惊[1]，贵大患若身[2]。

【注释】

〔1〕宠辱：都为动名词，指受到宠辱。

〔2〕贵：看重。

【译文】

受宠惊喜而受辱惊恐，这是把它看得如同祸患缠身。

【原文】

何谓宠辱若惊？宠为下[1]。得之若惊[2]，失之若惊，是谓宠辱若惊[3]。

【注释】

〔1〕宠为下：受宠是卑下的事情。

〔2〕之：代指荣宠。

〔3〕是：代指上述情况。

【译文】

为什么受到宠辱好像受到惊吓呢？因为受宠是卑下的事情。所以得到这些好像受到惊吓，失去这些也好像受到惊吓，这就叫作"宠辱若惊"。

【原文】

何谓贵大患若身[1]？吾所以有大患者，为吾有身[2]。及吾

十三章

无身[3],吾有何患?故贵以身为天下[4],若可寄天下[5];爱以身为天下,若可托天下。

【注释】

[1]何谓:何为,为什么。

[2]有身:即有我、有私,看重自己的意思。

[3]及吾无身:如果没有了自身的存在。及,如果。据王引之《经传释词》,"及"与"若"古代通用。

[4]贵以身为天下:情愿把自己全部身心投入治理天下的人。贵,看重,引申为愿意。以,用。为,治理,也可理解为介词"为了"。"以身为天下"全部属于"贵"的宾语。"爱以身为天下"的句式与此相同,意思也相同。

[5]若可:才可。若,乃,才。

【译文】

为什么会把(宠辱若惊)重视得如同祸患缠身?我们有大患缠身的原因,是因为我们太看重自己了。如果没有了自身的存在,我们还会有什么大灾难呢?所以只有那些情愿把自己全部身心投入治理天下的人,才可以把天下交给他;只有那些愿意把自己全部身心投入治理天下的人,才可以把天下托付给他。

十四章

【题解】

本章是描述"道"体的。在第六章和第八章,分别以具体的形象——山谷和水,来比喻道的虚空和柔弱。本章以抽象的理解,来描述"道"的性质,并讲到运用"道"的规律。在这里,"道"即"一"。在前面几章中,老子所说的"道"有两种内涵:一是指物质世界的实体,即宇宙本体;一是指物质世界或现实事物运动变化的普遍规律。这两者之间实际是相互联系的。本章所讲的"一"("道")包含以上所讲"道"的两方面内涵。老子描述了"道"的虚无缥缈、不可感知、看不见、听不到、摸不着,然而又是确实存在的,是所谓"无状之状,无物之象"。"道"有其自身的变化运动规律,掌握这种规律,便是了解具体事物的根本。

【原文】

视之不见名曰夷[1],听之不闻名曰希[2],搏之不得名曰微[3]。此三者不可致诘[4],故混而为一[5]。

【注释】

[1]之:本段中三个"之"字都代指道。夷(yí):灭,没有。

十四章

这里指没有形影。

〔2〕希:少,罕,这里引申为没有,指没有声音。

〔3〕搏:用手去触摸。微:无,没有,这里指没有形体。

〔4〕致诘(jié):追究到底。致,极尽。诘,追问,追究。

〔5〕混而为一:合为一体。混,合。一,一体,这个"一体"指的是道。

【译文】

想看看不见叫作"夷",想听听不到叫作"希",想摸摸不着叫作"微"。这三者难以深究,它们原就合为一体。

【原文】

其上不皦[1],其下不昧[2],绳绳不可名[3],复归于无物[4]。是谓无状之状,无物之象[5]。是谓惚恍[6],迎之不见其首,随之不见其后。

【注释】

〔1〕其上不皦(jiǎo):它的上面不太明亮。其,代指道。皦,明亮。道是规律,规律是无形的东西,所以它的上面不太明亮,下面也不太昏暗。

〔2〕昧(mèi):昏暗。

〔3〕绳绳(mǐn):无形无影的样子。不可名:无法名状,无法形容。

〔4〕复归:二字同义,都是归属、属于的意思。

〔5〕象:形象。

〔6〕惚恍:迷离恍惚、无法捉摸的样子。

【译文】

（规律这个东西）它的上部不太明亮，它的下部也不太阴暗，它无形无影难以形容，可以说它不是一个物体（然而它确实存在）。这可以把它叫作没有形状的形状，没有形体的形象。它可以说是迷离恍惚、无法捉摸的，面对着它却看不见它的前头，尾随着它也看不见它的后面。

【原文】

执古之道[1]，以御今之有[2]，能知古始[3]，是谓道纪[4]。

【注释】

[1]执：秉执，依照。
[2]御：驾驭，支配。今之有：现存的万物。有，物质存在，泛指万物。
[3]古始：道的原初状态或谓宇宙的本始。
[4]道纪：道的纲纪，即规律。

【译文】

掌握了亘古已有的规律，就可以驾驭、支配现存的万物，就能够知晓宇宙的本始，这可说是"道"的规律。

十五章

【题解】

这一章紧接前章,对得"道"之士做了描写。老子称赞得"道"之士的"微妙玄通,深不可识",他们掌握了事物发展的普遍规律,懂得运用普遍规律来处理现实存在的具体事物。也可以说这是教一般人怎样掌握和运用"道"。得"道"之士的精神境界远远超过一般人所能理解的水平,他们具有谨慎、警惕、严肃、洒脱、融和、纯朴、旷达、浑厚等人格修养,他们微而不显,含而不露,高深莫测,为人处事从不自满高傲。

【原文】

古之善为士者[1],微妙玄通[2],深不可识[3]。夫唯不可识[4],故强为之容[5]:豫兮[6],若冬涉川[7];犹兮,若畏四邻;俨兮[8],其若客;涣兮[9],若冰之将释[10];敦兮[11],其若朴[12];旷兮[13],其若谷;混兮[14],其若浊[15]。

【注释】

[1] 善为士者:善于当士的人,这里指懂得"道"的人。为,当。士,这里指有才能的人。

[2] 玄通:指思想深邃而通达。

老子

〔3〕识：认识，理解。

〔4〕夫：发语词。唯：仅仅，正因为。

〔5〕容：用如动词，形容，描述。

〔6〕豫："豫"与下句中的"犹"原为一个双声词"犹豫"，迟疑不决的样子。此处拆开使用，作互文看待。引申为办事谨慎小心、反复考虑的样子。

〔7〕涉川：赤脚渡水。

〔8〕俨（yǎn）：恭敬，庄严。下句的"客"，王弼本作"容"，据河上公本改。

〔9〕涣：流散。这里形容思想开通而不固执。

〔10〕释：消融。

〔11〕敦（dūn）：敦厚。

〔12〕朴：未加工的素材。

〔13〕旷：空阔开朗。

〔14〕混：浑厚。

〔15〕浊：混浊的大水。

【译文】

古代那些懂得规律的人，（其思想）细致精妙、深邃通达，深刻得难以理解。正因为他们难以理解，所以只能勉强加以描述：（他们办事）反复考虑，就像寒冬要赤脚过河；谨慎小心，就像畏惧四邻的围攻；恭敬庄重，就像一位做客的人；通达而不固执，就像将要融化的冰块；朴实敦厚，就像未经雕饰的素材；空阔开朗，就像那深山的幽谷；浑厚含蓄，就像那混浊的大水。

十五章

【原文】

孰能浊以止,静之徐清[1]?孰能安以久,动之徐生[2]?

【注释】

[1]静之:使浊水安静下来。之,代浊水。
[2]动之徐生:慢慢萌动生机。之,代指上句讲的清静状态。

【译文】

(除了得道之士)谁还能够使自己像混浊大水那样而停留在这种状态上,在安静中慢慢加以澄清?谁又能够在长久的安定之后,又让它逐渐萌动生机?

【原文】

保此道者不欲盈[1]。夫唯不盈,故能敝而新成[2]。

【注释】

[1]保:占有,掌握。不欲盈:不自满。
[2]敝而新成:去故更新。敝,破旧,比喻有缺陷的旧状态。新成,新的成功,新的事物。

【译文】

保有此道的人永不自满,正因为他从不自满,所以才能弃旧图新。

十六章

【题解】

本章里,老子特别强调致虚守静的功夫。他主张人们应当用虚寂沉静的心境,去面对宇宙万物的运动变化。在他看来,万事万物的发展变化都有其自身的规律,从生长到死亡,再生长到再死亡,生生不息,循环往复以至无穷,都遵循着这个运动规律。老子希望人们能够了解、认识这个规律,并且把它应用到社会生活之中。在这里,他提出"归根""复命"的概念,主张回归到一切存在的根源,这里是完全虚静的状态,这是一切存在的本性。

【原文】

致虚极[1],守静笃[2]。万物并作[3],吾以观其复[4]。夫物芸芸[5],各复归其根[6]。

【注释】

[1]致虚极:极力做到虚寂寡欲。虚,内心虚寂寡欲。极,表程度深的副词。

[2]笃(dǔ):深,甚。

[3]作:生长起来。

十六章

〔4〕以观其复:凭借(清静寡欲的品质)观察万物循环往复的情况。以,凭借。后省略宾语"虚""静"。复,循环往复。

〔5〕芸芸(yún yún):众多的样子。

〔6〕根:出发点,这里指死亡。

【译文】

极力做到虚寂寡欲,彻底坚持清静无为。万物一齐生长起来,我就凭借着清静寡欲的品质来观察万物循环往复的情况。万物众多,但最终都要回到自己的出发点。

【原文】

归根曰静[1],是谓复命[2]。复命曰常[3],知常曰明[4]。不知常,妄作[5],凶。

【注释】

〔1〕静:这里指虚寂死亡。

〔2〕是谓复命:死亡之后会重新获得生命。是,代指"静",死亡。

〔3〕常:自然法则。

〔4〕明:明智。

〔5〕妄作:胡乱行动。妄,胡乱。

【译文】

(万物)回到出发点就是虚寂死亡,死亡后会重新获得生命。孕育新生命是正常的自然法则，懂得这个永远不变的道理可以算是明智。不懂得这个永远不变的道理，胡乱行动，就会遇到凶险。

【原文】

知常容[1]，容乃公[2]，公乃全[3]，全乃天[4]，天乃道，道乃久，没身不殆[5]。

【注释】

[1]容：包容。指包容一切，既能包容生、强、荣等，又能包容死、弱、辱等。

[2]公：公允，正确。

[3]全：周遍。

[4]天：指天之道，也即自然规律。

[5]没（mò）身不殆（dài）：终生不会遇到危险。没，通"殁"，死。殆，危险。

【译文】

懂得这一不变之理就能包容一切，能够包容一切就能够正确对待一切，能够正确对待一切就能够周全，能够周全进而就能了解自然规律，了解了自然规律进而就能掌握普遍规律，掌握了普遍规律就能长久生存，终生不会遇到危险。

十七章

【题解】

这一章里,老子提出了自己的政治主张。他把统治者按不同情况分为四种,其中最好的统治者是人民仅知道他的存在,最坏的统治者是被人民所轻侮,处于中间状况的统治者是老百姓亲近并称赞他,或者老百姓畏惧他。老子理想中的政治状况是:统治者具有诚朴信实的素质,他悠闲自在,很少发号施令,政府只是服从于人民的工具而已,政治权力丝毫不得逼临于人民身上,即人民和政府相安无事,各自过着安闲自适的生活。当然,这只是老子的主观愿望,是一种乌托邦式的政治幻想。

【原文】

太上[1],下知有之;其次,亲而誉之;其次,畏之;其下,侮之[2]。信不足焉[3],安有不信。悠兮其贵言[4],功成事遂[5],百姓皆谓我自然[6]。

【注释】

〔1〕太上:最上,这里指最好的统治者。
〔2〕侮:轻视,轻慢。
〔3〕信:诚实。下一句中的"信"是"信任"的意思。

〔4〕悠：悠闲，即清静无为。贵言：不轻易施行言教。

〔5〕功成事遂：天下治理好了。功、事，都指治国的事。成、遂，都是成功的意思。

〔6〕自然：本书的"自然"全作"本身的样子"讲，与今天"自然界"的意思不同。自，本身，本来。然，……的样子。

【译文】

最好的统治者，百姓感觉到他的存在；次一等的统治者，百姓亲近他、称赞他；再次一等的统治者，百姓害怕他；最下等的统治者，百姓轻视他。正是因为他本身的诚信不足，所以才不被百姓信任。（最好的统治者）清静无为，不轻易发号施令，天下治理得井然有序，而百姓都认为我们本来就是这个样子。

十八章

【题解】

本章可以从两方面来理解。一方面是它的直接内容,即指出由于君上失德,大道废弃,需要提倡仁义以挽颓风。老子对当时病态社会的种种现象加以描述。另一方面是表现了相反相成的辩证思想,把辩证思想应用于社会,分析了智慧与虚伪、孝慈与家庭纠纷、国家混乱与忠臣等,都存在着对立统一的关系。国家大治,六亲和顺,就显不出忠臣孝子;只有六亲不和、国家混乱,才需要提倡孝和忠,这也是相互依属的关系。这是说,社会对于某种德行的提倡和表彰,正是社会特别欠缺这种德行的缘故。

【原文】

大道废,有仁义;智慧出,有大伪;六亲不和[1],有孝慈[2];国家昏乱,有忠臣。

【注释】

[1]六亲:父子、兄弟、夫妇。这里泛指亲人。
[2]孝慈:子女爱父母叫孝,父母爱子女叫慈。

【译文】

　　因为大道被废弃,才提倡起"仁义";由于智谋的产生,才出现狡诈和虚伪;家庭六亲不和睦,才知道是谁孝慈;国家陷于混乱,才看出所谓忠臣。

十九章

【题解】

上一章叙述了大道废弃后社会的种种病态表现，本章则针对社会病态，提出治理的方案。在前一章里，老子说"智慧出，有大伪"，因而主张抛弃这种聪明智巧。他认为"圣""智"产生法制巧诈，用法制巧诈治国，便成为扰民的"有为"之政。抛弃这种扰民的政举，人民就可以得到切实的利益。本章中，许多本子引到"少私寡欲"结束，把"绝学无忧"作为下一章的开端。本书主张把此句放在本章，"绝学无忧"正可以与前句"见素抱朴，少私寡欲"并列。

【原文】

绝圣弃智[1]，民利百倍；绝仁弃义，民复孝慈；绝巧弃利[2]，盗贼无有。此三者以为文不足[3]，故令有所属[4]：见素抱朴[5]，少私寡欲，绝学无忧[6]。

【注释】

[1] 圣：聪明通达。与"智"义近。
[2] 利：货利。
[3] 此三者以为文不足：即"以此三者为文不足"，把这三

条仅放在口头上作为理论谈谈还不行。文,文字,引申为理论。

〔4〕所属:有所依归,有所落实。即为以上三条落实一个具体的解决办法。

〔5〕见素抱朴:行为单纯,内心淳朴。见,通"现",表现,行为。抱,怀抱,指内心坚持。

〔6〕无忧:无忧无虑。

【译文】

抛弃聪明才智,百姓就会得到百倍的利益;抛弃仁义,百姓就能做到孝慈;抛弃机巧与货利,盗贼就不会产生。以上三种巧饰之物,不足以治理天下,因此要让民心有所归属:行为单纯,内心淳朴;减少私心,降低欲望;抛弃学问,就能无忧无虑。

二十章

【题解】

老子根据辩证的原理，认为贵贱善恶、是非美丑种种价值判断都是相对形成的，而且随环境的差异而变动。在本章里，老子将世俗之人的心态与自己的心态做了对比描述。他揭露社会上层追逐物欲的贪婪之态，并以相反的形象夸张地描述自己。文中的"我"指老子本人，但又不仅仅指他个人，而是一种有抱负、有期望的人。"众人""俗人"指社会上层。这些人对是非、善恶、美丑的判断，并无严格标准，甚至是混淆的，任意而行。他说"我"是"愚人之心"，这当然是正话反说。世俗之人纵情于声色货利，而"我"却甘守淡泊朴素，以求精神的升华，而不愿随波逐流。

【原文】

唯之与阿[1]，相去几何[2]？美之与恶，相去何若？人之所畏，不可不畏。荒兮[3]，其未央哉[4]！

【注释】

[1] 唯：表赞成的应答之声。阿：通"诃"，呵斥之声。
[2] 相去：相差。

〔3〕荒：荒远，久远。

〔4〕未央：没有尽头。央，尽头。

【译文】

赞成与反对，相差有多远？善与恶，相差又有多远？然而别人所害怕的，我不能不怕。盲从之风，自古如此，就像没有尽头。

【原文】

众人熙熙[1]，如享太牢[2]，如春登台。我独泊兮[3]，其未兆[4]，如婴儿之未孩[5]。儽儽兮[6]，若无所归[7]！

【注释】

〔1〕熙熙（xī xī）：快乐的样子。

〔2〕太牢：宴会或祭祀时并用牛、羊、猪三牲，叫太牢。

〔3〕泊：漂泊。

〔4〕未兆：没有任何表现。兆，征兆，引申为表现。

〔5〕孩：同"咳"，婴儿的笑声。

〔6〕儽儽（lěi lěi）：垂头丧气、狼狈不堪的样子。

〔7〕无所归：无家可归。

【译文】

众人是那样的欢乐，就像参加盛大宴会，又如春日登台赏景览胜。只有我独自漂泊，没有任何表现，如同一个还不会笑的婴儿一样。我是如此狼狈不堪，就像一个无家可归的人。

【原文】

众人皆有余[1]，而我独若遗[2]。我愚人之心也哉，沌沌

二 十 章

兮^[3]！俗人昭昭^[4]，我独昏昏^[5]。俗人察察^[6]，我独闷闷^[7]。澹兮^[8]，其若海；飂兮^[9]，若无止^[10]。

【注释】

[1] 有余：有富裕的财产。

[2] 若遗：好像被遗忘了一样。

[3] 沌沌：混沌无知的样子。

[4] 昭昭：炫耀自己。

[5] 昏昏：糊涂的样子。

[6] 察察：精于计算。

[7] 闷闷：与"昏昏"同义，糊涂的样子。

[8] 澹（dàn）：辽远。

[9] 飂（liù）：急风。

[10] 无止：没有归宿。止，停止，停止的地方。

【译文】

众人都过着富裕幸福的生活，只有我像被遗忘了一样。因为我有一副愚人的心肠，太无知了。世人都自我炫耀，只有我是这样糊涂；世人都工于算计，只有我是这样糊涂。心是那样辽阔，就像无边无缘的大海一样；思绪如同飘忽不定的急风，不知何处才是归宿。

【原文】

众人皆有以^[1]，而我独顽似鄙^[2]。我独异于人，而贵食母^[3]。

【注释】

[1] 有以：有用。以，用。

〔2〕似：通"以"，而。鄙：浅陋无知。

〔3〕食母：即"食于母"，从"道"那里得到营养。母，即"道"，因为"道"是天下万物产生的根本，故称其为"母"。

【译文】

众人都有用，只有我冥顽无能。虽然只有我和大家不一样，但我还要寻求道的滋养。

二十一章

【题解】

从本书第一章起,老子就指出"道"是宇宙的本原。但这个本原"道",是精神的还是物质的呢?对此问题,学术界的解释不同,出现了唯心主义和唯物主义两种观点。本章中,老子进一步发挥第十四章关于"道"是"无状之状,无物之象。是谓惚恍"的观点,明确地提出"道"由极其微小的物质组成,虽然看不见,无形无象,但确实存在,万物都是由它产生的。在本章里,老子还提出"德"的内容是由"道"决定的,"道"的属性表现为"德"的观点,集中地描述了"道"的一些特点。一章、四章、十四章、本章和二十五章,是研究老子哲学思想的核心——"道"的性质问题的重要篇章。

【原文】

孔德之容[1],惟道是从[2]。

【注释】

[1]孔德:伟大的品质。孔,大。德,品质。容:动。

[2]惟道是从:古汉语的一种宾语提前句式,等于"惟从道"。惟,同"唯",仅仅。从,遵循。

【译文】

大德的行动就是遵循规律。

【原文】

道之为物,惟恍惟惚[1]。惚兮恍兮,其中有象[2];恍兮惚兮,其中有物;窈兮冥兮[3],其中有精[4]。其精甚真,其中有信[5]。

【注释】

[1]惟恍惟惚:即"恍惚",隐约不清、难以捉摸的样子。惟,语气词。下文中的"惚兮恍兮""恍兮惚兮"意思同此。

[2]象:形象,引申为内容。

[3]窈兮冥兮:即"窈冥",幽暗深远、难以认识的意思。

[4]精:精气,精气说为道家所发明。

[5]信:真实。

【译文】

道这个东西,是隐约不清、没有形体的。它是那样的恍惚迷离,但其中确实有一定内容;它是那样的迷离恍惚,但其中确实有实物;它是那样的深邃而难以认识,但其中却有精气。这精气清晰可知,真实而又可信。

【原文】

自古及今,其名不去[1],以阅众甫[2]。吾何以知众甫之状

二十一章

哉[3]？以此。

【注释】

〔1〕其名：指道的功用。

〔2〕以阅众甫：凭借道了解万物开始时的情况。以，凭借。后省宾语"道"。阅，检查，认识。众，万物。甫，开始。

〔3〕何以：以何，凭什么。

【译文】

从古到今，道的作用是不变的，凭借着它就可以了解万物开始时的情况。我凭什么知道万物本始的情况呢？就是凭借着道。

二十二章

【题解】

这一章,老子从生活经验的角度,进一步深化了第二章所阐释的辩证思想。第二章重点讲的是矛盾的转化。本章一开头,老子就用了六句古代成语,讲述事物由正面向反面变化所包含的辩证思想,即委曲和保全、弯曲和伸直、不满和盈溢、陈旧和新生、缺少和获得、贪多和迷惑。他用辩证思想作为观察和处理社会生活的原则,最后他得出的结论是"不争"。

【原文】

曲则全[1],枉则直[2];洼则盈,敝则新;少则得,多则惑[3]。

【注释】

[1]曲:委曲。
[2]枉:弯曲。
[3]惑:迷乱。

【译文】

委曲反能保全,弯曲反能伸直;低洼反能充盈,陈旧反能更新;欠缺反有收获,贪多反会迷乱。

二十二章

【原文】

是以圣人抱一为天下式[1]。不自见[2],故明[3];不自是,故彰[4];不自伐[5],故有功;不自矜[6],故长。夫唯不争,故天下莫能与之争。

【注释】

[1]抱一:守道,指圣人体魄与精神的合一。式:楷模。
[2]见:通"现",表现。
[3]明:是非分明。
[4]彰:彰显。
[5]伐:夸耀自己的功劳。
[6]矜(jīn):骄傲。

【译文】

所以圣人能够守道,从而成为天下的楷模:(他们)不自我表现,所以才是非分明;不自以为是,所以才名声彰显;不自我夸耀,所以才有功劳;不自高自大,所以才能领导众人。正因为他们不与人争,所以天下没有人能够同他们竞争。

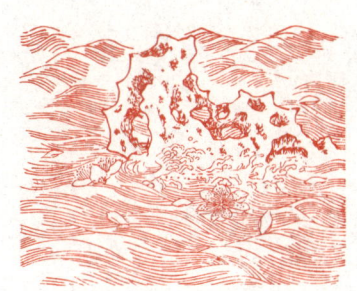

【原文】

古之所谓"曲则全"者,岂虚言哉?诚全而归之[1]。

【注释】

〔1〕诚全而归之:确实做到周全,就会回归于道。诚,确实。全,周全。之,代指道。

【译文】

古人所说的"委曲反能求全"这些话,难道是些空话吗?确实做到周全,就会回归于道。

二十三章

【题解】

这一章和第十七章是相对应的。第十七章揭示出严刑峻法的高压政策,徒然使百姓"畏之""侮之",因而希望统治者加以改变。前面几章已多次阐明"行不言之教""悠兮其贵言""多言数穷"等类似的话,本章一开始便继续阐述"希言自然"的道理。老子用自然界狂风暴雨必不持久的事实作比喻,告诫统治者少以强制性的法令横加干涉,更不要施行暴政,而要行"清静无为"之政,才符合自然规律,才能使百姓安然畅适。倘若以法令戒律强制人民,用苛捐杂税榨取百姓,那么人民就会以背戾抗拒的行动对待统治者,暴政将不会持久。

【原文】

希言自然[1]。故飘风不终朝[2],骤雨不终日。孰为此者[3]?天地。天地尚不能久,而况于人乎?

【注释】

[1]希言:字面意思是很少讲话,引申为少发政令。
[2]飘风:狂风。终朝:整整一个早上。
[3]为此:产生这些狂风暴雨的原因。为,产生。

【译文】

少发政令才合乎自然法则。所以说狂风刮不了一早晨,暴雨下不了一整天。谁产生的这些狂风暴雨?是天地。天地尚不能长久维持这种剧烈变动的状态,何况人呢?

【原文】

故从事于道者同于道[1],德者同于德,失者同于失[2]。故同于道者,道亦得之[3];同于失者,道亦失之。

【注释】

[1]故从事于道者同于道:所以寻求道的人要与道合一。从事,寻求。

[2]失:失道,失德者。

[3]同于道者,道亦得之:愿意同道在一起的人,道也愿意同他在一起。这是一种形象的说法,与孔子的"仁远乎哉?我欲仁,斯仁至矣"(《论语·述而》)的意思相似。下两句与此同。

【译文】

所以说寻求道的人要与道合一,寻求德的人要与德合一,失道与失德的人与失合一。与道合一的人,道也得到他;与失合一的人,道也抛弃他。

【原文】

信不足焉,有不信焉。

【译文】

自己的诚信不足,才会不被信任。

二十四章

【题解】

在本章里,老子用"企者不立,跨者不行"作比喻,说"自见""自是""自伐""自矜"的后果都是不好的、不足取的。这些轻浮、急躁的举动都是反自然的,短暂而不能持久。急躁冒进,自我炫耀,反而达不到自己的目的。本章不仅说明急躁冒进、自我炫耀的行为不可为,也喻示着雷厉风行的政举将不被人们所普遍接受。

【原文】

企者不立[1],跨者不行[2],自见者不明[3],自是者不彰,自伐者无功,自矜者不长。

【注释】

[1]企:踮起脚跟。
[2]跨:迈大步。
[3]自见者不明:表现自我的不高明。

【译文】

踮起脚跟想站得高一些的反而站不稳,迈着大步想走得快一些的反而走不远,自我表现的反而名声不大,自以为是的反而声誉不高,自我夸耀的反而没有功劳,自高自大的反而不能领导众人。

【原文】

其在道也^[1],曰余食赘行^[2],物或恶之^[3],故有道者不处^[4]。

【注释】

[1] 其:代指以上行为。

[2] 余食赘行:剩饭赘瘤,比喻多余无用的东西。赘:多余的。行:通"形",形体。

[3] 或:也许。恶:厌恶。

[4] 不处:不这样做。

【译文】

用道去衡量这些行为,它们就像残羹和赘瘤,大家也许讨厌这些行为,所以有道的人是不会这样做的。

二十五章

【题解】

　　截至本章,我们对老子的"道"已经有了几点基本的了解。这一章,老子描述了"道"的存在和运行,这是《道德经》里很重要的内容。主要包括:"有物混成",用以说明"道"是浑朴状态的,它是圆满和谐的整体,并非由不同因素组合而成;"道"无声无形,先天地而存在,循环运行不息,是天地万物之"母";"道"是一个绝对体;现实世界的一切都是相对存在的,而唯有"道"是独一无二的,所以"道"是"独立不改"的。在本章里,老子提出"道""人""天""地"这四个存在,"道"是第一位的,它不会随着变动运转而消失,它经过变动运转又回到原始状态,这个状态就是事物得以产生的最基本、最根源的地方。

【原文】

　　有物混成[1],先天地生。寂兮寥兮[2]!独立而不改,周行而不殆[3],可以为天下母[4]。

【注释】

　　[1]混成:混沌之中自然生成。
　　[2]寂兮寥兮:寂,无声。寥,无形。

〔3〕周行：循环运动。殆：通"怠"，懈怠，引申为停止。

〔4〕母：根本，基本。

【译文】

有一个东西混沌之中自然生成，它出现在天地之前。它无声无形，独立存在永不改变，循环运动永不停止，可以把它当作天地万物产生的根本。

【原文】

吾不知其名，字之曰道，强为之名曰大。大曰逝[1]，逝曰远[2]，远曰反[3]。

【注释】

〔1〕逝：行进，发展。

〔2〕远：伸展遥远，这里指发展到极盛状态。

〔3〕反：通"返"。

【译文】

我不知道这个东西的名字，就给它起字叫"道"，再勉强给它起个名叫"大"。"大"会运动发展，发展下去就会走向极盛，走向极盛后又要返回原处。

【原文】

故道大[1]，天大，地大，王亦大[2]。域中有四大[3]，而王

二十五章

居其一焉。人法地,地法天,天法道,道法自然[4]。

【注释】

〔1〕道大:同义词连用,目的是为了同下文协调。大,根据"强为之名曰大","大"指道、规律。

〔2〕王:称王,治国,统治天下。

〔3〕域中:这里指天地间。

〔4〕自然:本身的样子。自,指道本身。

【译文】

所以说,"道"有"道"的规律,天有天的规律,地有地的规律,统治天下也有统治天下的规律。天地间有四种主要规律,而统治天下的规律只占其中之一。社会规律要效法地的规律,地的规律要效法天的规律,天的规律要效法普遍规律,普遍规律就效法它自身的样子。

二十六章

【题解】

这一章里,老子又举出两对矛盾:轻与重、动与静。而且进一步认为,矛盾中的一方是根本。在重轻关系中,重是根本,轻是其次,只注意轻而忽略重,则会失去根本;在动与静的关系中,静是根本,动是其次,只重视动则会失去根本。在本章里,老子所讲的辩证法是为其政治观点服务的,他的矛头指向"万乘之主",即大国的国王,认为他们奢侈轻淫,纵欲自残,即用轻率的举动来治理天下。在老子看来,一国的统治者,应当静、重,而不应躁、轻,如此,才可以有效地治理自己的国家。

【原文】

重为轻根,静为躁君[1]。

【注释】

[1] 躁:动。君:主,引申为根本。

【译文】

重是轻的基础,静是动的根本。

二十六章

【原文】

是以君子终日行,不离辎重[1]。虽有荣观[2],燕处超然[3]。奈何万乘之主而以身轻天下[4]?轻则失本,躁则失君。

【注释】

[1]终日:整天。辎(zī)重:原指行军带的粮食、装备等,此处指君子出门所带的衣食用品。

[2]虽:即使。荣观:相当于今天的"奇观",美好的景色。

[3]燕处:安闲而居。燕,安闲。处,居。超然:不为外物所动的样子。

[4]万乘(shèng)之主:拥有万辆战车的君主,指大国君主。乘,古时一车四马叫一乘。以身:因为个人。以,因。身,指万乘之主自己。

【译文】

所以君子整天行走,也不离开衣食行李。即使有奇观美景,也安闲而居,超然物外而不为所动(不离开辎重而去游赏美景)。为什么一个大国君主,轻率治国不自重其身?轻举妄动就会丧失根本,躁动就会丧失主宰。

二十七章

【题解】

本章是对"自然无为"思想的引申。老子用"善行""善言""善数""善闭""善结"作喻,说明人只要善于行不言之教,善于处无为之政,符合自然,不必花费太大的气力,就有可能取得很好的效果,并且无可挑剔。这一章又发挥了不自见、不自是、不自伐、不自矜的道理,不从正面"贵其师",不从反面"爱其资",做到"虽智大迷"。因而,本章的主导思想,是把自然无为扩展应用到更为广泛的生活领域之中。

【原文】

善行无辙迹[1];善言无瑕谪[2];善数不用筹策[3];善闭,无关楗而不可开[4];善结,无绳约而不可解[5]。是以圣人常善救人,故无弃人[6];常善救物,故无弃物,是谓袭明[7]。

【注释】

[1]辙迹:车轮碾过的痕迹。一说,辙,车迹;迹,马足踏过的痕迹。

[2]瑕谪(zhé):玉上的斑点,比喻缺点、毛病。

[3]筹策:古时计数用的筹码。

二十七章

[4] 关楗（jiàn）：关闭门户用的器具，相当于今天的门栓。
[5] 绳约：绳索。约，绳子。
[6] 弃人：被遗弃的人。
[7] 袭明：是明智的。袭，掩藏的，不外露的。明，明智。

【译文】

善于行走的不留车迹；善于言谈的没有漏洞；善于计算的不用筹策；善于关闭的，不用栓锁却固不可开；善于捆缚的，不用绳索却牢不可解。因此，圣人总是善于教育挽救人，所以没有被遗弃的人；总是善于挽救使用万物，所以没有被遗弃的物。这些做法就叫"袭明"。

【原文】

故善人者，善人之师；不善人者，善人之资[1]。不贵其师，不爱其资，虽智大迷。是谓要妙[2]。

【注释】

[1] 资：借鉴的对象。
[2] 要妙：精妙。

【译文】

因此善人是善人的老师，不善人是善人借鉴的对象。不重视他们的老师，不爱惜他们凭借的对象，即使是明智的人也会变得十分糊涂。这是最奥妙的道理。

二十八章

【题解】

这一章重点讲"复归"的学说。前几章虽多次讲到这个问题,但在本章是作为重点专讲的,给人留下的印象更为深刻。老子提出这样一个原则:知雄、守雌,并用这个原则去从事政治活动、参与社会活动。这种原则在老子所处的时代,可以作为一种生活态度的选择。当时正处在春秋末年,政治动荡,社会混乱,你争我夺,纷纭扰攘,面对这样一种社会状况,老子提出了"守雌"的处世原则。他认为,只要人们这样做,就可以返璞归真,达到天下大治。此处还应注意,不仅是"守雌",还有"知雄",在雄雌的对立中,对于雄的一面要有透彻的了解,然后处于雌的一方。本章所用的几个名词,代表着老子的一些基本观念。

【原文】

知其雄,守其雌,为天下谿[1]。为天下谿,常德不离[2],复归于婴儿。知其白[3],守其黑[4],为天下式[5]。为天下式,常德不忒[6],复归于无极[7]。知其荣,守其辱,为天下谷[8]。为天下谷,常德乃足,复归于朴[9]。

二十八章

【注释】

〔1〕谿:溪流,老子书中以溪流的意象,代表甘居低下的地位且能万川归之。

〔2〕常德不离:高尚的道德永远不会丧失。

〔3〕白:显明。此处指显赫的地位。

〔4〕黑:幽暗,此处指不显赫的地位。

〔5〕式:榜样。

〔6〕忒(tè):错误,差失。

〔7〕无极:无穷。

〔8〕谷:山谷,虚空的山谷可包容万物,所以有虚怀若谷的成语。

〔9〕朴:未经加工过的木材,这里比喻"道"。

【译文】

知道什么是雄强,却甘居柔雌的地位,甘做天下的河溪。甘做天下的河溪,高尚的品德就永远不会丧失,就能恢复到纯真的婴儿状态。知道什么是显赫,却甘居幽暗的位置,做天下的榜样。做天下的榜样,品德就永远不会出差错,复归到无尽的真理。知道什么是荣耀,却安于屈辱的地位,甘做天下的山谷。甘做天下的山谷,高尚品德就会永远保

持充足，就能够同"道"一样真朴。

【原文】

朴散则为器[1]，圣人用之[2]，则为官长[3]。故大制不割[4]。

【注释】

[1]朴散则为器：这是个比喻，用原木可以分别做成各种各样的器具，来比喻"道"可以分别变为各种各样的"德"。

[2]用之：顺应万物各自的本性。用，因，顺应。之，代指万物本性。

[3]官长：领导，管理。

[4]大制不割：完美的体制浑然如一。大制，完美的制度。不割，不割裂事理。

【译文】

真朴分散制成器物，圣人利用它们，成为众人的领袖。所以，最完美的体制浑然如一。

二十九章

【题解】

本章可以看作老子论"无为"之治,对"有为"之政所提出的警告,即"有为"必然招致失败。"有为"就是以自己的主观意志去做违背客观规律的事,或者把天下据为己有。事实上,老子所讲的"无为",并不是无所作为,也不是在客观现实面前无能为力。他在这里说,如果以强力而有所作为或以暴力统治人民,都将是自取灭亡。世间无论人或物,都有各自的秉性,其间的差异性和特殊性是客观存在的,不要以自己的主张意志强加于人,并采取某些强制措施。理想的统治者往往能够顺应自然,不强制,不苛求,因势利导,遵循客观规律。

【原文】

将欲取天下而为之[1],吾见其不得已[2]。天下神器[3],不可为也。为者败之,执者失之。

【注释】

[1] 取:治理。
[2] 不得已:达不到目的。不得,得不到自己所想得到的。已,通"矣",语气词。

〔3〕神器：神圣的东西，指天下。

【译文】

要想治理天下而任意作为，我将会看到他达不到目的。天下这个神圣的东西，是不能用强力去求取的。谁想任意作为，谁就会把天下搞乱；谁想把持天下，谁就会失去天下。

【原文】

故物或行或随〔1〕，或嘘或吹〔2〕，或强或羸〔3〕，或挫或隳〔4〕。是以圣人去甚、去奢、去泰〔5〕。

【注释】

〔1〕或：有的。行：与"随"相对，表示前行。
〔2〕嘘：慢慢地吹。吹：急吹。
〔3〕羸（léi）：瘦弱。
〔4〕挫：此处与"隳"相对，表示减损一点儿。隳（huī）：毁坏。
〔5〕泰：过分。

【译文】

所以世间众生，有的积极前行，有的消极尾随；有的性情和缓，有的性格急躁；有的身强力壮，有的瘦弱不堪；有的小受挫折，有的全部损伤。所以圣人去掉那些极端的、奢侈的、过分的主观想法。

三十章

【题解】

历来在解释《道德经》的学者中,有一派认为《道德经》是一部兵书。究竟它是不是一部兵书,这个问题我们暂且不说,但老子具有反战思想则是无疑的。春秋战国时代,社会动荡不安,大小战争此起彼伏,给国家带来破坏,给老百姓的生活造成灾难。老子反对战争,符合人民的利益和愿望。在本章里,老子认为战争是人类最愚昧、最残酷的行为,"师之所处,荆棘生焉""大军之后,必有凶年",揭示了战争给人们带来的严重后果。老子主张反战的思想,无论在当时还是后世,都有其积极的意义。

【原文】

以道佐人主者[1],不以兵强天下[2],其事好还[3]。师之所处[4],荆棘生焉;大军之后[5],必有凶年[6]。

【注释】

[1]佐:帮助。

[2]以兵强天下:靠武力逞强于天下。

[3]好还:很快得到报应。好,甚,很。还,还报,报应。

[4]所处:所驻扎过的地方。

〔5〕大军：这里指大战。

〔6〕凶年：灾荒年。

【译文】

按照道去帮助君主的人，是不靠武力逞强于天下的，发动战争很快就会得到报应。军队驻扎过的地方，荆棘丛生；大战之后，必有荒年。

【原文】

善者果而已[1]，不敢以取强[2]。果而勿矜[3]，果而勿伐[4]，果而勿骄，果而不得已，果而勿强。物壮则老，是谓不道[5]。不道早已[6]。

【注释】

〔1〕果：胜利。

〔2〕取强：逞强。

〔3〕矜：自大。

〔4〕伐：夸功。

〔5〕不道：不符合道。

〔6〕已：停止，这里指灭亡。

【译文】

只要很好地取得胜利就罢手，不敢靠武力逞强。胜利了而不自大，胜利了而不夸耀，胜利了而不骄傲，胜利是出于不得已，胜利而不逞强。事物强盛了就会走向衰败，求强求壮的做法是不符合道的。不符合道就会很快灭亡。

三十一章

【题解】

这一章仍是讲战争之道的,是上一章的继续和发挥。上一章着重从后果讲,这一章以古代的礼仪来比喻。按中国古代的礼仪,主居右,客居左,所以居左有谦让的意思,"君子居则贵左,用兵则贵右"。老子认为,兵器虽然是不祥的东西,但作为君子,在迫不得已之时,也要用战争的方式达到自己的目的,只是在获取胜利时不要以兵力逞强,不要随意地使用兵力杀人。相反,对于在战争中死去的人,还要真心表示哀伤痛心,并且以丧礼妥善安置死者。

【原文】

夫唯兵者[1],不祥之器,物或恶之[2],故有道者不处[3]。

【注释】

[1] 夫唯:发语词。
[2] 恶(wù):讨厌。
[3] 处:处理,安排,这里引申为使用。

【译文】

兵器是不吉利的东西,大家都讨厌它,所以有道的人不使用它。

【原文】

君子居则贵左[1],用兵则贵右。兵者不祥之器,非君子之器[2],不得已而用之,恬淡为上[3]。胜而不美[4],而美之者[5],是乐杀人。夫乐杀人者,则不可以得志于天下矣。

【注释】

〔1〕居:平时。贵左:以左边为贵。古人认为左阳右阴,阳代表生,阴代表杀。所以平时以左为贵,战时以居右为贵。

〔2〕君子:指有道之人。

〔3〕恬淡:淡漠。

〔4〕美:动词,赞美。

〔5〕而:如果。

【译文】

君子平时居处以左边为贵,作战时却以右边为贵。兵器是不吉利的器物,不是君子应该使用的东西,不得已时才用它,最好漠然处之。即使战胜了也不应赞美,如果赞美它,这就是以杀人为快乐。以杀人为快乐的人,是不可能得志于天下的。

【原文】

吉事尚左[1],凶事尚右;偏将军居左[2],上将军居右[3],言以丧礼处之。杀人之众,以悲哀泣之[4],战胜以丧礼处之。

三十一章

【注释】

［1］尚：崇尚，与上文"贵"同义。

［2］偏将军：副将。

［3］上将军：主将。

［4］泣：读为涖（lì），通"莅"，临，到，参加。

【译文】

吉庆事以左边为上，凶丧事以右边为上。（打仗时）副将居于左边，主将居于右边，这是说要用办理丧事的礼节去处理战争的事。战争杀人众多，要带着悲痛的心情参加战争，战胜了也要用办理丧事的礼节去处理它。

三十二章

【题解】

这一章讲了"无名""有名""知止"。"无名""有名"不是第一章中以"无"名、以"有"名的"无"和"有"的概念。"无名"指完全做到了不自见、不自是、不自伐、不自矜,所以称为"朴"。所以,本章表达了老子"无为"的政治思想,认为侯王若能依照"道"的法则治天下,顺应自然,那样,百姓们将会自动地服从于他。老子用"朴"来形容"道"的原始"无名"的状态,这种原始质朴的"道",向下落实使万物兴作,于是各种名称就产生了。立制度,定名分,设官职,不可过分,要适可而止,这样就不会纷扰多事。老子认为,"名"是人类社会引起争端的重要根源。

【原文】

道常无名[1],朴虽小[2],天下莫能臣也[3]。侯王若能守之[4],万物将自宾[5]。天地相合,以降甘露[6],民莫之令而自均[7]。

【注释】

[1]无名:虚无。这里指规律处于一种看不见、摸不着的虚

无状态。

[2]朴虽小：道虽然像未加工过的木材一样微不足道。朴，未加工过的木材。小，道作为规律，本无所谓大或小，这里用"小"来形容"道"总是不求为主而处于卑下地位。详见三十四章。

[3]臣：动词，臣服，役使。

[4]守之：坚守规律，遵循规律。

[5]宾：宾服，顺从。

[6]天地相合，以降甘露：天之气和地之气相互交融而降下甘露。这属于"天人感应"思想。古人认为，社会政治清明，就会影响自然界，冷热合时，风调雨顺，并出现各种祥瑞。

[7]民莫之令：即"民莫令之"，没有人指使它。古代"民"与"人"通用。之，代指自然、天地。

【译文】

道永远处于一种虚无状态，这像未加工过的木材一样，虽然微不足道，但是天下没有人能够支配它。王侯如果能遵循着道，万物将会自然而然地宾服。天之气和地之气相互交融而降下甘露，没有人指使它们，却自然分布均匀。

【原文】

始制有名[1]。名亦

既有，夫亦将知止，知止可以不殆[2]。譬道之在天下[3]，犹川谷之于江海。

【注释】

〔1〕制：制作，这里泛指人类活动。有名：有名称的东西，泛指各种器物。

〔2〕殆：危险。

〔3〕譬：打比方。

【译文】

人类开始活动，也就出现了各种器物。器物出现以后，也应该懂得适可而止，懂得适可而止就能避免危险。打个比方，普遍规律与天下（万物的特殊规律）的关系，就好像江海与河川的关系一样。

三十三章

【题解】

本章讲个人修养与自身修行的问题,主张人们要丰富自我精神生活。在老子看来,"知人""胜人"十分重要,但是"自知""自胜"更加重要。本章与第九章、第十章、第十五章、第二十章的写法比较类似,侧重于探讨人生哲理。老子在本章,全部用的是正面直言的文字,与前面几章不同。第十章用问话的形式出现,第二十章以反话形式表达。他认为,一个人倘若能自省,坚定自己的生活信念,并且切实推行,就能够保持旺盛的生命力和饱满的精神风貌。

【原文】

知人者智,自知者明;胜人者有力,自胜者强;知足者富,强行者有志[1];不失其所者久[2],死而不亡者寿[3]。

【注释】

[1] 强行:坚持力行。

[2] 不失其所者久:不失根基就能够长久。失,丧失,引申为违背。其所,他所凭借的。根据全书的意思,所凭借的东西当指"道"。本句的意思与十六章的"道乃久"一样。

[3] 死而不亡:身死而道犹存,类似今天讲的"身死而精神长存"。

【译文】

能够认识别人的人是聪明的,能够认识自己的人是明智的;能够战胜别人的人是有力量的,能够克制自己的人是坚强的;知道满足的人是富有的,坚持力行的人是有志的;不失根基就能长久,身死而精神永存的人是真正的长寿。

三十四章

【题解】

这一章说明"道"的作用,这是老子在本书中再次谈到"道"的问题。他认为,"道"生长万物,养育万物,使万物各得所需,而"道"又不主宰万物,完全顺应自然。这些观点,老子在前面某些章节中已经做过论述。这一章是继续阐发三十二章的道理,讲"道"可以名为"小",也可名为"大",虽然没有明确指出"圣人""侯王",实际是在期望统治者们应该像"道"那样起"朴"的作用。此章内容从另一角度看,又是在谈作为"圣人""侯王"所应该具备的素质。

【原文】

大道泛兮[1],其可左右[2]。万物恃之而生而不辞[3],功成不名有[4],衣养万物而不为主[5]。

【注释】

〔1〕泛:广泛,普遍。
〔2〕左右:泛指各处。
〔3〕恃:依赖。不辞:不拒绝。
〔4〕名有:求名、占有。

〔5〕衣：用如动词，覆盖，保护。

【译文】

道的作用是那样的广大，可以说无处不有。万物依靠它才能生存，而它从不拒绝万物，大功告成也不求名、不占有，护养了万物而不做主宰者。

【原文】

常无欲，可名于小〔1〕；万物归焉而不为主，可名为大。是以圣人之能成大也，以其不为大也〔2〕，故能成大。

【注释】

〔1〕名于小：可以把它叫作"渺小"。
〔2〕为大：追求成为伟大者。为，追求。

【译文】

它从没有任何欲望，可以说是很渺小的；因为万物归附于它，而它却不当主宰者；也可以把它看作是伟大的。所以圣人之所以能成就伟大，是因为它始终不追求成为伟大者，所以才成为伟大者。

三十五章

【题解】

这一章述说了"道"的作用和影响。但本章和上一章都不完全是前面各章论"道"的重复,而是隐喻着言外之意。"道"的作用和影响不可低估,它可以使天下的人们都向它投靠而不相妨害,过上和平安宁的生活。因而可以这样说,本章实为"道"的颂歌。在《道德经》中,"道"已经被多次论及,但从来没有重复,而是层层深入,逐渐展开,使人切实感受"道"的伟大力量。

【原文】

执大象[1],天下往[2]。往而不害,安平太[3]。乐与饵[4],过客止[5]。道之出口,淡乎其无味,视之不足见[6],听之不足闻,用之不足既[7]。

【注释】

﹝1﹞大象：大道。

﹝2﹞往：归附。

﹝3﹞安平太：三字同义,都是太平安乐的意思。太,同"泰"。

﹝4﹞乐与饵：音乐与美食。这里泛指各种生活享受。

〔5〕过客：过路人。此处指归往"大象"的人。"乐与饵，过客止"是说人们本来是要归向"大象"的，但往往受到各种生活享乐的引诱，半道而废。

〔6〕不足：不能。

〔7〕既：尽，完。

【译文】

谁掌握了道，天下人都会归附于他。归附他不会有害处，都能过上太平安乐的生活。音乐、美食的感官诱惑，往往使人们半途而废。道这个东西说出来淡而无味，看它又看不见，听它又听不到，可它的用途却无穷无尽。

三十六章

【题解】

有人认为这一章也是讲用兵的道理。不过我们认为这章主要描述了老子的辩证法思想。本章谈到若干对矛盾双方互相转化的问题,例如,"物极必反""盛极而衰"等都可以说是自然界运动变化的规律,同时以自然界的辩证法比喻社会现象,以引起人们的警觉和注意。这种观点贯穿于《道德经》全书。

【原文】

将欲歙[1]之,必固张之[2];将欲弱之,必固强之;将欲废之,必固兴之;将欲取之,必固予之。是谓微明[3],柔弱胜刚强。鱼不可脱于渊[4],国之利器不可以示人[5]。

【注释】

[1] 歙(xī):收缩。

[2] 固:同"姑",姑且,暂时。

[3] 微明:指在事物发展中能及早发现变化的细小征兆,从而做正确的判断。微,细微的先兆。

[4] 脱:离开。

[5] 利器:优良的武器。示人:让人看。

【译文】

要想使它收缩,必须暂时使它扩张;要想削弱它,必须暂时加强它;要想废除它,必须暂时振兴它;要想夺取它,必须暂时给予它。从细微中发现变化,柔弱就能战胜刚强。像鱼不能离开深渊,治国的法宝不能让别人知道。

三十七章

【题解】

本章是《道德经》中"道经"的最后一章,老子把第一章中提出的"道"的概念,落实到他理想中的社会和政治——自然无为。在老子看来,统治者若能依照"道"的法则来为政,顺应自然,不妄加干涉,百姓们将会自由自在,自我发展。二十五章提到"道法自然",自然是无为的,所以"道"也无为。"静""朴""不欲"都是无为的内涵。统治者如果可以依照"道"的法则为政,不危害百姓,不胡作非为,老百姓就不会滋生更多的贪欲,他们的生活就会自然、平静。

【原文】

道常无为,而无不为。侯王若能守之,万物将自化[1]。化而欲作[2],吾将镇之以无名之朴[3]。无名之朴,夫亦将无欲。不欲以静[4],天下将自定[5]。

【注释】

[1] 自化:自我变化孕育发展。

[2] 欲作:有欲望产生。欲,本章皆作"欲望"解。作,起,产生。

〔3〕镇:使安定。无名之朴:无声无形的道。无名,指道。朴,指真朴,是道的初始状态。

〔4〕以:而。

〔5〕自定:自然安定。

【译文】

"道"经常是无为的,却又成就了所有的事情。王侯如果能遵循着它,万物将自我变化孕育发展。在变化孕育发展中如有欲望产生,我将用无声无形的"道"使它们安定下来。这个道的无名真朴,就能根绝这种贪欲。根绝贪欲就能安静,天下将自然会太平安定。

德 经

三十八章

【题解】

这一章是"德经"的开头。有人认为,上篇以"道"字开始,所以叫作"道经";下篇以"德"字开始,所以叫"德经"。本章在《道德经》里相对其他章比较难于理解。老子认为,"道"的表现为"德",凡是符合于"道"的行为就是"有德",反之,则是"失德"。"道"与"德"不可分离,但又有区别。因为"德"有上下之分,"上德"完全合乎"道"的精神。"德"是"道"在人世间的体现,"道"是客观规律,而"德"是指人类认识并按客观规律办事。人们把"道"运用于人类社会产生的功能,就是"德"。

【原文】

上德不德[1],是以有德;下德不失德[2],是以无德。上德无为而无以为[3],下德为之而有以为。

【注释】

[1]上德不德:真正崇尚美德的人并不表现自己的美德。上,用如动词,以……为上,崇尚,重视。一般把"上"解释为"最高的",但考虑到下文的"上仁""上义""上礼"中的"上"

不便解释为"最高的",故不采用这种解释。

〔2〕下德:不重视美德的人。

〔3〕无以:无目的,无原因。这个原因指满足个人私欲。以,原因。

【译文】

真正重视美德的人并不去表现自己的美德,所以他才保有美德;不重视美德的人却处处想表现自己的美德,所以才丧失了美德。重视美德的人清静无为,无为是因为没有私欲;不重视美德的人强调作为,是因为有私欲。

【原文】

上仁为之而无以为,上义为之而有以为,上礼为之而莫之应〔1〕,则攘臂而扔之〔2〕。

【注释】

〔1〕莫之应:即"莫应之",没有人响应他。

〔2〕攘(rǎng)臂:卷起袖子。扔:牵拉。

【译文】

重视"仁"的人碌碌多为,多为不是为了个人私欲;重视"义"的人碌碌多为,多为是为了满足私欲;重视"礼"的人碌碌多为,如果没有人响应,他就卷起袖子,死拉硬拽(强人就范)。

【原文】

故失道而后德〔1〕,失德而后仁〔2〕,失仁而后义,失义而后礼。夫礼者,忠信之薄而乱之首〔3〕。前识者〔4〕,道之华而愚之始[5]。是以大丈夫处其厚[6]，不居其薄[7]，处其实[8]，不居其华[9]。故去彼取此[10]。

【注释】

〔1〕失道而后德："道"是普遍规律，是规律的全部，"德"是特殊规律，是规律的一部分，因此掌握不了"道"的人，就只能掌握"德"。

〔2〕失德而后仁：仁是有意地去爱人，老子认为这并不符合"道"与"德"的原则，"道"与"德"的原则是顺应自然，让万物自由发展。

〔3〕忠信之薄：忠信不足。首：开端。

〔4〕前识：预先有所认识，推测，即所谓的"先见之明"。

〔5〕华：虚华。

〔6〕厚：忠厚，忠信。

〔7〕薄：浅薄，指上文讲的"礼"。

〔8〕实：根据前文，指"道"。

〔9〕华：根据前文，指"前识"。

〔10〕彼：指"礼""前识"等。此：指"道"。

【译文】

所以说失去了"道"而后才有"德"，失去了"德"而后才有"仁"，失去了"仁"而后才有"义"，失去了"义"而后才有"礼"。"礼"，是忠信不足的标志，是祸乱的开始。所谓的先见之明，对道来说属于华而不实的东西，是愚昧的开始。因此大丈夫要笃守忠信，应当自处于厚实的道与德的境地，而远离浅薄与虚华。所以要舍弃那浅薄与虚华而选取这敦厚与朴实。

三十九章

【题解】

这一章讲"道"的普遍意义。前半段论述"道"的作用,天地万物都来源于"道",或者说,"道"是构成一切事物不可或缺的要素,如果失去了"道",天地万物就不能存在下去。后半段由此推及人,告诫统治者从"道"的原则出发,并要能"处下""居后""谦卑",即贵以贱为根本,高以下为基础,没有老百姓为根本和基础,就没有高贵的侯王。因而,本章的内容同样包含有辩证法的因素。

【原文】

昔之得一者[1]:天得一以清,地得一以宁,神得一以灵,谷得一以盈,侯王得一以为天下正[2]。

【注释】

[1] 得一:得道。
[2] 正:准则。

【译文】

从前得到一的情形是这样的:天得到一而清明,地得到一而安宁，神得到一而有灵；河谷得到一而充盈，侯王得到一而为天下准则。

【原文】

其至也^[1]，谓：天毋已清^[2]将恐裂，地毋已宁将恐发^[3]，神毋已灵将恐歇^[4]，谷毋已盈将恐竭^[5]，侯王毋已贵以高将恐蹶^[6]。

【注释】

〔1〕其至也：就其极端的情况而言。至，极，极端。

〔2〕毋已：不止，不停。

〔3〕发：发散，分散，分裂。

〔4〕歇：停止。

〔5〕竭：枯竭，干涸。

〔6〕蹶：跌倒，引申为失败、亡国。

【译文】

然而，就其极端的情况来说：天无休止地清明下去就难免会崩裂，地无休止地宁静下去就难免会塌陷，神无休止地显灵下去就难免会消歇，溪谷无休止地充实下去就难免会枯竭，侯王无休无止地高贵下去就难免会倾覆。

【原文】

故必贵而以贱为本,必高矣而以下为基。夫是以侯王自谓孤、寡、不毂[1]。此其贱之本与,非也?故致数与无与[2]。是故不欲禄禄如玉[3],珞珞如石[4]。

【注释】

[1]孤、寡、不毂:都是当时君主的谦称。孤,孤独无助。寡,本义为无夫或无妻之人。不毂,本义为不养,指父母亡故而不能终养。

[2]故致数与无与:要想得到过高过多的荣誉反而会失去荣誉。至,高。数,多。与,同"誉"。

[3]禄禄:玉石美好的样子。

[4]珞(luò)珞:石头质朴的样子。

【译文】

所以想要贵就要以贱为根本,想要高就要以下为基础。因此侯王自称"孤""寡""不毂",这不正是以贱为根本吗?所以说要想得到过高过多的荣誉反而会失去荣誉。所以有道之士不愿像玉那样精美,而宁肯当一块朴实的石头。

四十章

【题解】

在第一、第四、第五、第六、第十四、第二十一、第二十五、第三十二、第三十四、第三十五和第三十七章里,老子从各方面阐述关于"道"的理论。在本章里,老子用极其简练的文字,讲述了"道"的运动变化法则和"道"产生天下万物的作用。关于"道"的基本理论,本章和四十二章都是就此而论的。本章虽然只有两句话,但言简意赅,含义十分丰富。

【原文】

反者道之动,弱者道之用。天下万物生于有[1],有生于无[2]。

【注释】

〔1〕有:存在的物质。
〔2〕无:虚无的空间。

【译文】

规律的运动是反复的,规律的作用就在于它能保持柔弱的状态。天下万物产生于某种物质,而物质产生于空间。

四十一章

【题解】

这一章引用了十二句古人说过的话,列举出一系列构成矛盾的事物双方,表明现象与本质的矛盾统一关系,它们彼此相异,既互相对立,又互相依存,彼此具有统一性,从矛盾的观点,说明相反相成是事物发展变化的规律。在这里,老子讲了上士、中士、下士各自"闻道"的态度:上士听了道,努力去实行;中士听了道,漠不动心,将信将疑;下士听了以后哈哈大笑。这说明"下士"只见现象不见本质还要抓住一些表面现象来嘲笑道,但道是不怕浅薄之人嘲笑的。

【原文】

上士闻道[1],仅能行之[2];中士闻道,若存若亡[3];下士闻道,大笑之[4]——不笑不足以为道。

【注释】

[1] 上士:智慧最高的人。下文中的"中士"指智慧一般的人,"下士"指智慧低下的人。

[2] 仅能行之:仅仅能够实行。

[3] 若存若亡:若有若无。亡,同"无"。意思是说,中士

听说"道"以后,他的态度是将信将疑。

〔4〕大笑之:应作"大而笑之"。大,用作意动词,认为它迂阔而不切合实际。笑,嘲笑。

【译文】

智慧最高的人听到了"道",就努力按照它去办事;智慧一般的人听到了"道",将信将疑;智慧低下的人听到了"道",就认为它迂阔空洞而加以嘲笑——不被人所嘲笑,"道"也就不成为"道"了。

【原文】

故建言有之[1]:明道若昧[2],进道若退[3],夷道若纇[4],上德若谷[5],大白若辱[6],广德若不足,建德若偷[7],质真若渝[8],大方无隅[9],大器免成,大音希声[10],大象无形。道隐无名[11]。夫唯道,善始且善成[12]。

【注释】

〔1〕建言:立言,讲话。

〔2〕明道若昧:明白易懂的道理反而好像难以理解。昧,幽暗不易看清,引申为不易理解。

〔3〕进道若退:促人上进的道理反而好像在引人后退。

〔4〕夷:平坦,比喻容易办到。纇(lèi):丝线上的结。引申为难以施行。

〔5〕谷：山谷，引申为空虚。

〔6〕辱：污黑。

〔7〕建：通"健"。偷：偷懒，懈怠。

〔8〕渝：变质。

〔9〕隅（yú）：边角。

〔10〕希：无声。十四章："听之不闻，名曰希。"

〔11〕道隐无名：大道深广而没有名称。隐，通"殷"，意为盛大，深广。

〔12〕善始且善成：善始善终。

【译文】

所以有人曾经说：明白易懂的道理反而好像难以理解，促人上进的道理反而好像引人后退，容易做到的道理反而好像难以施行，最崇高的品质反而好像什么也没有，最洁白的颜色反而好像是黑暗的，阔大宽容的品德反而好像不充足，刚健的德性像是松弛懈怠，本质纯真像是受污染变质，最大的方形反而没有棱角，最大的器物总是无所完成，最大的声音反而无声，最大的形象反而无形。大道深广而没有名称。只有这大道，善于开始而且善于完成。

四十二章

【题解】

这一章的前半部分讲的是老子的宇宙生成论。这里老子说到"一""二""三",乃指"道"创生万物的过程。这是继第四十章之后,又一段关于"道"的基本原理的重要论述。宇宙万物的总根源是"混而为一"的"道",对于千姿百态的万物而言,"道"是独一无二的。另一段话是警诫王公要以贱为本、以下为基的。对后一段内容,有的学者认为这一段文字与上一段讲的原理关联不上,疑为第三十九章文字错移本章。另一种说法是两段前后虽然不密切关联,但意义仍相近。这是讲矛盾的双方既是对立的,又是统一的,事物相反相成,双方并非不变,而是可以互相转化的。所以,这一章再次表达了老子的辩证法思想。

【原文】

道生一[1],一生二,二生三,三生万物。万物负阴而抱阳[2],冲气以为和[3]。

【注释】

[1] 一:某一种事物。

[2] 负阴而抱阳:包含着阴与阳两个对立面。"负"和"抱"都是包含的意思。

〔3〕冲气：阴阳二气相互激荡。冲，激荡。气，阴阳二气。

【译文】

规律使某种事物得以产生，这种事物又产生第二种事物，第二种事物再产生第三种事物……这样以至于产生万物。万物都包含着阴、阳两个对立面，它们互相激荡而得以调和。

【原文】

人之所恶[1]，唯孤、寡、不穀[2]，而王公以为称。故物或损之而益[3]，或益之而损。人之所教，亦我而教人[4]：强梁者不得其死[5]——吾将以为教父[6]。

【注释】

〔1〕恶（wù）：讨厌。
〔2〕孤、寡、不穀：见三十九章注。
〔3〕或：或许，可能。解释为"有时"也通。益：增加。
〔4〕人之所教，亦我而教人：别人用来教导我的，我也用它去教导别人。因为"强梁者不得其死"是前人流传下来的话，老子从中得到启发，因而拿来再去启发别人。
〔5〕强梁：强暴。
〔6〕教父：教人的根本，教学的根本。或把"父"解释为"始"，也通。

【译文】

人们所讨厌的字眼就是"孤""寡""不穀"，而王公却用它们当作自己的称号。所以说事情（往往如此），本意也许是想减少它，结果反而增加了它；本意也许是想增加它，结果反而减少了它。别人用来教导我的，我也用它去教导别人："强暴的人不得好死"——我将把这一原则当作教人的根本。

四十三章

【题解】

本章申述了"柔之胜刚,弱之胜强"的"是谓微明"之术,讲了柔弱可以战胜刚强的原理,又讲了"不言"的教诲、"无为"的益处。此意贯穿于老子《道德经》的全书之中。他指出,最柔弱的东西里面,蓄积着人们看不见的巨大力量,使最坚强的东西无法抵挡。"柔弱"发挥出来的作用,在于"无为"。水是最柔的东西,但它却能够穿山透地,所以老子以水来比喻柔能胜刚的道理。

【原文】

天下之至柔,驰骋于天下之至坚[1],无有入无间[2],吾是以知无为之有益。不言之教,无为之益,天下希及之[3]。

【注释】

[1]驰骋(chěng):

奔驰。

〔2〕无有：什么也没有，即空间。无间：没有空隙的东西，即物质。

〔3〕希及之：很少能赶上它们。希，少。及，赶上。

【译文】

　　天下最柔弱的东西，能在最坚硬的东西中奔驰，无形的力量可以渗透到没有间隙的物质中。我从这里认识到清静无为的好处。没有言辞的教育，清静无为的好处，天下人很少能够达到。

四十四章

【题解】

此章与第十三章一样,是讲人之尊严的。第十三章是以宠辱荣患和人的自身价值对比,说明人要自重、自爱。这一章是以名与货和人的自身价值对比,也是要人自重、自爱。老子宣传的是这样一种人生观,人要贵生重己,对待名利要适可而止,知足常乐,这样才可以避免遇到危难;反之,为名利奋不顾身,争名逐利,则必然会落得身败名裂之可悲下场。

【原文】

名与身孰亲?身与货孰多[1]?得与亡孰病[2]?甚爱必大费[3],厚藏必多亡。故知足不辱,知止不殆[4],可以长久。

【注释】

〔1〕货:财产。多:重,贵重。

〔2〕亡：失去，损失。病：害处。
〔3〕爱：爱惜。
〔4〕殆：危险。

【译文】

名声和生命哪个更重要？生命和财富哪个更贵重？得到名利和失去名利哪个更有害？所以说过分的爱惜反而会招致更大的破费，大量的收藏反而会招致更多的损失。知道满足不会遭到困辱，知道适可而止不会遇到危险，可以长久平安。

四十五章

【题解】

这一章在内容上和行文上,都可以说是第四十一章的继续,是讲内容和形式、本质和现象的辩证关系。第四十一章讲的是"道",本章讲的是"人格"。其中"大成""大盈"的人格形态,"若缺""若冲""若屈""若拙""若讷"的外在表现,都是说明一个完美的人格不在外形上表露,而为内在生命的含藏内收。

【原文】

大成若缺,其用不弊[1]。大盈若冲[2],其用不穷。大直若屈[3],大巧若拙,大辩若讷[4]。躁胜寒[5],静胜热。清静为天下正[6]。

【注释】

[1] 弊:穷乏,衰竭。
[2] 冲:空虚。
[3] 屈:弯曲。

〔4〕讷(nè)：不善言谈。

〔5〕躁：躁动，运动。

〔6〕正：准则。

【译文】

  最圆满的好似欠缺，而它的作用却不会衰竭。最充实的好似空虚，而它的作用却不会穷尽。最直的好似弯曲，最巧的好似笨拙，最善辩的好似不会言谈。运动能战胜寒冷，安静能克服暑热。而只有清静才是天下万物的准则。

四十六章

【题解】

这一章主要反映了老子的反战思想。在春秋时代,诸侯争霸,兼并和掠夺战争连年不断,给社会生产和人民群众的生活带来了沉重灾难。对此,老子明确表示了自己的主张,他分析了战争的起因,认为是统治者贪欲太强。那么解决问题的办法就是要求统治者知足常乐,这种观点可以理解,但他没有明确区分战争的性质,因为当时的战争有奴隶主贵族互相兼并,也有地主阶级崛起后推翻奴隶主统治的战争,还有劳动民众的反抗斗争。因此,在本章里,老子所表述的观点有两个问题:一是战争的根源,二是对战争没有加以区分。

【原文】

天下有道,却走马以粪[1];天下无道,戎马生于郊[2]。罪莫厚于甚欲,咎莫憯于欲得[3],祸莫大于不知足。故知足之足,常足矣。

【注释】

〔1〕却：退回。走马：奔跑的马。走，跑，这里指跑得快。粪：泛指种地。

〔2〕戎马生于郊：意思是说连年征战，马匹不足，连怀胎母马也用于战争，以致产仔于战场。戎马，战马。郊，郊野，这里指战场。

〔3〕咎：灾难。

【译文】

国家的政治措施符合道，退回战马来种地；国家的政治措施不符合道，战马兴起于郊野。最大的灾祸是不知满足，最大的危险是贪得无厌，没有比不知足更大的祸患。所以，知道满足的这种满足，才能永远感到满足。

四十七章

【题解】

这一章主要谈的是哲学上的认识论。这里的基本观点是：在认识上纯凭感觉经验是靠不住的，因为这样做无法深入事物的内部，不能认识事物的全体，而且还会扰乱人的心灵。因此，要认识事物就只有靠内在的自省，下功夫自我修养，才能领悟"天道"，知晓天下万物的变化发展规律。对此，学术界在讨论老子哲学认识论时，有的认为，老子是彻头彻尾的唯心主义先验论者；而有的则说，老子并不轻视实践所获取的感性知识，只是夸大了理性认识的作用。

【原文】

不出于户[1]，以知天下；不窥于牖[2]，以知天道。其出弥远者[3]，其知弥鲜。是以圣人不行而知，不见而名[4]，弗为而成[5]。

【注释】

[1] 户：门。

[2] 窥（kuī）：从小孔里看。

[3] 弥：越，更加。

〔4〕名:同"明",明白。

〔5〕弗为而成:是说圣人顺应万物本性,不去人为地干涉,万物也就自然长成了。

【译文】

不出大门,就能了解天下大事;不望窗外,就能知道天的运行规律。出门越远,所知道的越少。因此,圣人不必亲自去实践就能了解,不必亲自去看就能明白,顺应万物本性,不去人为地干涉,万物也就自然生长。

四十八章

【题解】

本章讲"为学"和"为道"的问题。他先讲"为学"是求外在的经验知识,经验知识愈积累愈多。老子轻视外在的经验知识,认为这种知识掌握得越多,私欲妄见也就越层出不穷,"为道"和"为学"就不统一。"为道"是透过直观体悟以把握事物未分化的状态或内索自身虚静的心境,不断地除去私欲妄见,使人日渐返璞归真,最终可以达到"无为"的境地。这一章所讲的"为学"是反映"政教礼乐之学",老子认为它足以产生机智巧变。只有"清静无为",没有私欲妄见的人才可以治理国家。因而,老子希望人们走"为道"的路子。

【原文】

为学日益[1],为道日损。损之又损,以至于无为。无为而无不为。取天下常以无事[2],及其有事[3],不足以取天下[4]。

【注释】

〔1〕为学日益:治学是一天比一天增多知识。为,研究。学,指仁义礼智等学问。益,增多。

〔2〕取:治理。无事:清静无为。

〔3〕及：如果。

〔4〕不足：不能。

【译文】

  治学是一天比一天增加知识，修道是一天比一天减少知识，减少而又减少，最后达到清静无为的境界。清静无为反而能够做成一切事情。治理天下总是依靠清静无为，如果有为，就不能够治理好天下。

四十九章

【题解】

这一章表达了老子的政治理想。文中所讲的"圣人",是老子理想中的执政者。老子认为,理想的执政者没有私心,以百姓之心为心,使人人守信、向善。老子把以"道"治天下的希望寄托给一个理想的"圣人",在他的治理下,人人都恢复到婴儿般纯真的状态,以养以长自己。这种见解是有进步意义的。本章从文字上和内容上看,都是紧接前一章的问题进行深入分析论证的。

【原文】

圣人恒无心[1],以百姓之心为心。善者善之[2],不善者亦善之,德善也[3]。信者信之[4],不信者亦信之,德信也。

【注释】

[1]无心:没有意志,没有主观成见。

[2]善之:以善意对待他。

[3]德善:得到了善。德,同"得"。意思是说,不善良的人,也要善待他,这样就会得到好的结果,使他也变成善人。

[4]信:第一个"信"是诚实的意思,第二个"信"是"相

信"的意思。下一句同。

【译文】

得道的圣人没有自己的意志,而是把百姓的心作为自己的心。善良的人,要以善意对待他,不善良的人,也以善意对待他,这样最终就得到了善。诚实的人,要相信他,不诚实的人,也要相信他,这样最终就得到了诚信。

【原文】

圣人之在天下也[1],歙歙焉,为天下浑心[2]。百姓皆注其耳目焉[3],圣人皆咳之[4]。

【注释】

[1]在:在位,治理。一说是生活在。
[2]歙歙(xī):和合的样子。浑:浑朴的样子。
[3]注其耳目:使用他们的耳目,即多闻博见的意思。注,用。
[4]咳之:把他们看作纯朴无知的婴儿。咳,通"孩",婴儿。

【译文】

圣人治理天下,显得安详和合,让天下人的心归于浑朴。百姓都运用自己的聪明,耳目各有所关注,而圣人把他们都看作纯朴无知的婴儿。

五十章

【题解】

这一章讲两种养生之道。一种是因营养过剩,过度求生,反而短命夭折;一种是因行动不慎而造成伤亡。老子认为,人活在世,应善于避害,则可以保全生命而长寿。他注意到人为因素对生命的影响,要求人们不要靠着争夺来保养自己,而要以清静无为的态度远离死地。

【原文】

出生入死[1]。生之徒,十有三[2];死之徒,十有三;而民生生,动皆之于死地[3],亦十有三。夫何故也?以其生生也[4]。

【注释】

〔1〕出生入死:刚出生则入于死,脱离了生就进入了死。意味生命脆弱,人生于世,常处于生死之间。

〔2〕生之徒:有利于生而属于生的这一类。十有三:十分之三。

〔3〕动皆之于死地:(为求生)碌碌多为反而走向了死亡。动,指求生的活动。之,走向。

〔4〕以其生生也:是因为过度求生。第一个"生"为动词,

保养。第二个"生"为名词,生命。

【译文】

人脱离了生就进入了死。世上有利于生的人占十分之三;趋向于死的人占十分之三;人们因求生却反而动辄自蹈于死地的,也占十分之三。这是为什么呢?因为他们过度求生。

【原文】

盖闻善摄生者[1],陆行不遇兕虎[2],入军不被甲兵[3]。兕无所投其角[4],虎无所用其爪,兵无所容其刃[5]。夫何故?以其无死地焉[6]。

【注释】

[1]盖:发语词。摄生:保养生命。摄,保养。
[2]兕(sì):一种野兽,形状像牛,头上一只角。
[3]被:受到。甲兵:战衣和兵器,这里泛指兵器。
[4]无所:没有因由,没有必要。
[5]容:容纳。这里引申为插入、刺入。
[6]死地:死亡的领域,引申为被杀死的原因。

【译文】

听别人说,善于保养生命的人,在陆地行走不会避犀牛和猛虎,在战争中不会遭到兵器杀伤。因为犀牛没有必要用角去触他,猛虎没有必要用爪子去抓他,兵器没有地方容纳它的锋刃。这是为什么呢?因为他本身没有引起死亡的原因。

五十一章

【题解】

这一章是着重讲"德"的作用的,可以看作第三十八章的继续。老子在这章里再一次阐发了"道"以"无为"的方式生养了万物的思想。本章里的"玄德"即"上德"。老子认为,"道"生长万物,"德"养育万物,但"道"和"德"并不干涉万物的生长繁衍,而是顺其自然。"德"是"道"的化身,是"道"在人世间的具体作用。万物成长的过程是:1. 万物由"道"产生;2. "道"生万物之后,又存在于万物,成为万物各自的本性;3. 万物依据各自的本性而发展出个别独特的存在;4. 周围环境的培养,使各物生长成熟。

【原文】

道生之[1],德畜之[2],物形之[3],器成之[4]。

【注释】

〔1〕之:本段的"之"全指万物。
〔2〕畜:养。
〔3〕形之:使万物成形。形,使动用法。
〔4〕器:器物,器具。

【译文】

"道"使万物得以产生,"德"使万物得以畜养,物质使万物得以成形,器使万物得以成熟。

【原文】

是以万物莫不尊道而贵德。道之尊,德之贵,夫莫之爵而常自然[1]。

【注释】

[1]爵:封爵。自然:自己成为这个样子。自,代指万物。然,……的样子。

【译文】

因此天下万物没有不尊崇"道"和重视"德"的。"道"被尊崇,"德"被重视,并没有人命令如此,而是万物本身自然而然地永远去这样做。

【原文】

道生之畜之[1],长之育之,亭之毒之[2],养之覆之[3]。生而不有,为而不恃[4],长而不宰[5],是谓玄德。

【注释】

[1]之:本段的"之"全部指万物。

[2]亭之毒之:使万物成熟。亭、毒,即成、熟。

[3]覆:覆盖,引申为保护。

[4]为而不恃:帮助万物而不依赖它们。为,帮助。恃,依赖。

〔5〕宰：主宰者。

【译文】

所以是"道"使万物得以产生，"德"使万物得以畜养，（道、德）使万物成长发育，使万物结果成熟，对万物加以抚养保护。（道、德）生养了万物却不据为己有，帮助了万物却不依赖它们，成就了万物却不做它们的主宰者，这就叫作深奥的德。

五十二章

【题解】

本章是继第四十七章后再次论述哲学上的认识论问题。老子认为,天下自然万物的生长和发展有一个总的根源,人应该从万物中去追索这个总根源,把握原则。人们认识天下万物但不能离开总根源,不要向外奔逐,否则将会迷失自我。在认识活动中,要除去私欲与妄见的蔽障,以真正把握事物的本质及其规律。

【原文】

天下有始,以为天下母[1]。既得其母[2],以知其子[3];既知其子,复守其母,没身不殆[4]。塞其兑,闭其门[5],终身不勤[6];开其兑,济其事[7],终身不救。

【注释】

〔1〕天下母:天下万物的根本,即"道"。

〔2〕得:得到,获得。

〔3〕其子:指万物。

〔4〕没身:终身。殆:危险。

〔5〕塞其兑,闭其门:两句一个意思,即闭目塞听、无知无欲的意思。兑,出口。门,与"兑"义同。

〔6〕勤:辛苦,痛苦。

〔7〕济:成。这里指碌碌多为以求成功。

【译文】

天下万物都有一个本始,可以把这个本始看作万物之母。得到了母就知道子,知道了子又能守住母,那就终身无忧了。堵住出口,关起门来,终生不会困窘;打开出口,力求成事,终生不能得救。

【原文】

见小曰明,守柔曰强。用其光[1],复归其明[2],无遗身殃[3],是为袭常[4]。

【注释】

〔1〕光:泛指优点、长处。

〔2〕复归其明:恢复自己的明智。

〔3〕无遗身殃:不给自己招来灾难。

〔4〕袭常:因循万物的常理。袭,承袭,因循。常,永恒不变的道理,即"道"。

【译文】

观察细微叫作明智,保持柔弱叫作强大。发挥长处,恢复自己的明智,不给自己招来灾难,就称得上是因循万物的常理。

五十三章

【题解】

这一章尖锐地揭露了当时社会的一些矛盾。在《老子》一书中,有几处谈到这个问题,如第三章、第十九章、第五十七章、第七十五章等。本章描述了社会的黑暗和统治者给人们带来的深重灾难,尤其是统治者凭借权势和武力,恣意妄为,对百姓搜刮榨取,终日荒淫奢侈,过着腐朽糜烂的生活,而下层民众却陷于饥饿状况,农田荒芜、仓廪空虚。无怪乎老子把统治者叫作"盗夸"。这一章的内容也可以说是给无道的执政者们——暴君所作的画像。

【原文】

使我介然有知[1],行于大道[2],唯施是畏[3]。大道甚夷[4],而民好径[5]。

【注释】

〔1〕介然:很少的样子。介,同"芥",细小,微少。

〔2〕大道:大路。这里比喻遵循规律办事就是走光明大道。

〔3〕唯施是畏:"唯畏施",只怕走斜路。施,同"迤",斜,斜路。

〔4〕夷：平。

〔5〕民：人。古时"民""人"通用。这里的"人"是指下文讲的统治者。径：斜路，小路。

【译文】

假如我多少有点常识的话，我就沿着大路行走，而生怕走斜路。大路非常平坦，而有些人偏偏喜欢走斜路。

【原文】

朝甚除〔1〕，田甚芜，仓甚虚，服文采〔2〕，带利剑，厌饮食〔3〕，财货有余，是谓盗夸〔4〕。非道也哉！

【注释】

〔1〕朝甚除：朝廷很败坏。朝，朝堂，宫殿。除，废弛，败坏。

〔2〕服文采：穿华丽的衣服。

〔3〕厌：吃饱喝足。

〔4〕盗夸：大盗。

【译文】

朝廷很败坏，农田很荒芜，仓库也很空虚，有的人却身穿华丽服装，腰佩锋利长剑，吃饱喝足，财富有余，这样的人就叫作大盗。这真是无道啊。

五十四章

【题解】

本章讲"道"的功用,即"德"给人们带来的益处。本章是第四十七章和第五十二章的重要补充。例如,第四十七章说"不出户,知天下";第五十二章说"既得其母,以知其子;既知其子,复守其母"。要做到这一点,还要做到"塞其兑,闭其门"。在本章,老子讲了修身的原则、方法和作用。他说,修身的原则是立身处世的根基,只有巩固修之要基,才可以立身、为家、为乡、为天下,这就是"道"。老子认为这是唯一正确的认识方式和途径。

【原文】

善建者不拔,善抱者不脱,子孙以祭祀不辍[1]。

【注释】

[1]祭祀:祭祀祖先。辍:停止,断绝。

【译文】

善于建立的无法被拔掉,善于保持的就不会脱落,子孙对其祭祀总不间断。

五十四章

【原文】

修之身[1],其德乃真;修之家,其德有余[2];修之乡,其德乃长;修之邦[3],其德乃丰;修之天下,其德乃普。

【注释】

〔1〕之:本段中的"之"全部指"道"。因为"德"来自"道",以"道"修身才会有"德"。

〔2〕修之家,其德有余:用"道"来治家,"德"就会变得多起来,以至化及全家人。

〔3〕邦:指现在的国。

【译文】

按照规律来修养自身,个人美德就会变得纯真;按照规律来要求全家,美德就会化及全家;按照规律来管理全乡,美德就会波及全乡;按照规律来整顿全国,美德就会遍及全国;按照规律来治理天下,美德就会普及天下。

【原文】

以身观身[1],以家观家,以乡观乡,以邦观邦,以天下观天下。吾何以知天下之然哉[2]？以此。

【注释】

〔1〕以身观身：用修身的原则来观察个人。以，用。

〔2〕何以：凭什么。然：代词，这里指天下情况的好坏。

【译文】

所以，要从身来看身，从家来看家，从乡来看乡，从邦来看邦国，从天下来看天下。我凭什么来了解天下情况的好坏呢？就凭借这一原则。

五十五章

【题解】

本章讲处世哲学,即"德"在人身上的具体体现。前半部分用的是形象的比喻,后半部分讲的是抽象的道理。老子用赤子来比喻具有深厚修养的人,能返回到婴儿般的纯真柔和。"精之至"是形容精神充实饱满,"和之至"是形容心灵凝聚和谐,老子认为用这样的办法就能防止外界的各种伤害并免遭不幸。如果纵欲贪生,使气逞强,就会遭殃,既危害自己,也危害别人。

【原文】

含德之厚,比于赤子[1]。蜂虿虺蛇不螫[2],攫鸟猛兽不搏[3]。骨弱筋柔而握固[4]。

【注释】

[1] 比:和……一样。赤子:婴儿。

[2] 蜂虿(chài)虺(huǐ)蛇:泛指毒虫。虿,蝎子一类的毒虫。虺,一种毒蛇。螫(shì):毒虫刺人或牲畜。

[3] 攫(jué)鸟:凶猛之鸟。攫,用爪抓取。

[4] 握固:指拳头握得很紧。

【译文】

如果一个人所具有的品德很高尚,能像婴儿一样纯真,那么毒虫就不会去蜇他,猛兽、凶鸟就不会去搏击他。筋骨柔弱,拳头却握得紧紧的。

【原文】

未知牝牡之合而朘作[1],精之至也[2]。终日号而不嗄[3],和之至也[4]。和曰常[5],知和曰明,益生曰祥[6],心使气曰强[7]。

【注释】

[1]未知牝牡之合而朘作:还不知道男女交合之事,小阴茎却自动勃起。牝牡之合,雌性和雄性交配。作,生长。

[2]精:精诚纯一,没有杂念、私欲。

[3]号:大声哭。嗄(shà):声音嘶哑。

[4]和:柔和。

[5]和曰常:"和"就叫作"常"。"和"是指自然和谐、柔和协调的状态;"常"是恒定的意思,指恒定的状态。

[6]益生:增益生命。祥:解释为灾殃、妖孽。

[7]心使气曰强:心放任气的发泄就叫作"强"。使气,任气,放纵心气的宣泄。强,强硬、强暴。

【译文】

还不知男女交合,小阴茎却自动勃起,这是元气精纯之至的缘故。整天号哭而声音却不嘶哑,这是元气柔和的缘故。"和"就叫作"常",知道什么是"和"就叫作"明",刻意增益生命就叫作不祥,心放任气的发泄就叫作"强"。

五十五章

【原文】

物壮则老,谓之不道,不道早已[1]。

【注释】

[1]已:停止,灭亡。

【译文】

事物强盛了就会走向衰老,(求强求壮)是不符合规律的,不符合规律就会很快灭亡。

五十六章

【题解】

第四十二章和前一章讲的都是"和",这一章接续前章,重点讲的也是"和"。第四十二章说"冲气以为和",是讲事物矛盾着的双方经过斗争而达到和谐与统一。前一章讲的"和曰常",即以"和"为事物的常态。本章讲怎样可以保持常态的"和"。这三章层层深入,逻辑关联性极强,向人们讲述了"和"的最高道德境界。不过这一章文字蕴意很深,不仅仅是指执政之人,而且也包括世间所有人处事为人的哲理。他要求人们要加强自我修养,排除私欲,不露锋芒,超脱纷争,混同尘世,不分亲疏、利害、贵贱,以开豁的心胸与无所偏的心境去对待一切人和物。如此,天下便可以大治了。

【原文】

知者不言[1],言者不知。塞其兑,闭其门,挫其锐,解其纷,和其光,同其尘,是谓玄同[2]。

【注释】

[1] 知者不言:真正懂得规律的人是不愿多说话的。
[2] 玄同:大同。玄,形容混同的程度。

五十六章

【译文】

懂得规律的人是不会夸夸其谈的,夸夸其谈的人并不懂得规律。堵住出口,关起门来,挫去他们的锋芒,从而解脱他们之间的纷争,调和他们的光耀(优点),混同尘埃,这就叫作大同。

【原文】

故不可得而亲[1],亦不可得而疏[2];不可得而利,亦不可得而害;不可得而贵,亦不可得而贱。故为天下贵。

【注释】

〔1〕不可得:不可能。
〔2〕疏:疏远。

【译文】

这样就没有人可以亲近,也没有人可以疏远;没有人可以给予利益,也没有人可以加以损害;没有人可以使他尊贵,也没有人可以使他卑贱。所以"玄同"的境界为天下所珍视。

五十七章

【题解】

在第二章、第五章和第十章里,老子已将天道自然的思想,推之于人道,提出了"无为而治"的思想。在本章里,老子以"天下多忌讳,而民弥叛;民多利器,国家滋昏;人多知而奇物滋起;法令滋章,盗贼多有"反证应以"无事取天下",皆为托"圣人"之言,长言无为之治,章法井然。老子生活的时代,社会动乱不安,严峻的现实使他感到统治者依仗权势、武力,肆意横行,为所欲为,造成天下"民弥叛""国家滋昏""盗贼多有"的混乱局面,所以提出了"无为""好静""无事""无欲"的治国方案。他的政治主张在当时不可能被执政者所接受,也绝对没有实现的可能性。总之,这一章是他对"无为"的社会政治观点的概括,充满了脱离实际的幻想成分。但他的主张对于头脑清醒的统治者为政治民是有益处的。

【原文】

以正治国[1],以奇用兵[2],以无事取天下[3]。吾何以知其然哉?天下多忌讳,而民弥叛[4];民多利器[5],国家滋昏[6];人多知而奇物滋起[7];法令滋章[8],盗贼多有。是以圣人之言曰:"我无为,而民自化;我好静,而民自正;我无事,而民自富;我无欲,而民自朴。"

【注释】

〔1〕正:正确的方法。

〔2〕奇:邪,指权诈的手段。与"正"相对。

〔3〕取:治理。

〔4〕忌讳:禁忌,禁令。弥:更加。

〔5〕利器:优良的器具。

〔6〕滋:更加。

〔7〕奇物:奇异、偏邪的事物。

〔8〕彰:明,清楚。

【译文】

用正确的办法治国,用权诈的手段用兵,用清静无为的政策来管理天下。我根据什么知道应该这样呢?天下忌讳越多,人民反叛得越厉害;人们的优良器具越多,国家越混乱;人们的巧智越多,邪物越多;法令越清楚,盗贼越众。所以圣人说:"只要我无所作为,人民就会自然归化;只要我清静,人民就能自己走上正途;只要我无所行事,人民就会自然富足;只要我无所欲求,人民就会自然淳朴。"

五十八章

【题解】

前面几章论述"德"在政治、社会、人生方面的体现,本章讲的是政治、社会、人生方面的辩证法。本章里提到"祸兮,福之所倚;福兮,祸之所伏"。对于此章,有的学者认为各段落之间的文义不一致,不连贯,可能有错简的情况。我们这里仍依据原文引述,未做文字方面的调整。

【原文】

其政闷闷[1],其民淳淳[2];其政察察[3],其民缺缺[4]。祸兮,福之所倚[5];福兮,祸之所伏。孰知其极[6]?

【注释】

[1]闷闷:含糊不清。
[2]淳淳:通"惇惇",忠厚的样子。
[3]察察:明辨、明察的样子。
[4]缺缺:狡猾欺诈的样子。缺,败坏。
[5]倚:靠。
[6]极:终极,最后的结果。"孰知其极"意思是说福变为祸,祸又变为福,如此反复,谁也不知道最后的结果是福是祸。

五十八章

【译文】

　　政令含糊不清,人民反而会变得淳厚。政令明察是非,人民反而会变得狡诈。灾祸啊,幸福就紧靠在它的旁边;幸福啊,灾祸就埋伏在它的里面。谁能知道最后的结果是什么呢?

【原文】

　　其无正也? 正复为奇[1],善复为妖。人之迷也,其日固久矣。是以圣人方而不割[2],廉而不刿[3],直而不肆[4],光而不耀[5]。

【注释】

　　[1]奇:邪恶。
　　[2]割:损害。
　　[3]廉:棱角。刿(guì):划伤。

〔4〕肆：延伸，扩张。这里引申为把自己的思想行为推广开去，强求别人也这样做。

〔5〕耀：过分明亮，刺眼。

【译文】

是没有个定准吗？正义会变为邪恶，善良会变为妖孽。人们不懂得这一道理，由来已久了。因此圣人方方正正却不损害别人，有棱有角却不伤害别人，坚持正道却不强人所为，发出光芒却不刺人眼睛。

五十九章

【题解】

本章讲治国与养生的原则和方法。从文字上看,老子讲了与别人不同的一个道理,他把吝啬当作人修身养性的重要美德加以颂扬,而不是专指对财物的爱惜。老子认为,吝啬就是在精神上注意积蓄、养护、厚藏根基,培植力量。要真正做到精神上的"啬",只有积累雄厚的德,有了德,也就接近了道,这就与圣人治国联系到一起了。这里,把"啬"解释为节俭也可以,因为就老子而言,他十分重视"俭"德,这也是道家一贯的思想特征。

【原文】

治人事天,莫若啬[1],夫唯啬,是以早服[2];早服谓之重积德[3];重积德则无不克[4];无不克则莫知其极[5];莫知其极,可以有国;有国之母[6],可以长久。是谓深根固柢、长生久视之道[7]。

【注释】

〔1〕事天:奉行天道。啬:吝惜。

〔2〕早服:(在灾难来临之前)及早遵循规律。服,服从,遵循。"服"后省去宾语"道"字。

〔3〕重积德：加重积德。积，这里是修养的意思。

〔4〕无不克：无往不胜。克，胜。

〔5〕莫知其极：没有人知道他的力量的极限，也即他有无法估量的力量。从"早服（道）"到"莫知其极"的过程，也即"无为而无不为"的过程。

〔6〕有国之母：有了治国的根本。母，根本，也即原则，规律。

〔7〕柢：与"根"同义。久视：与"长生"同义。

【译文】

治理百姓，奉行天道，最好的办法就是吝惜。只有吝惜，才能早早从事于道；早早从事于道也就是加重积德；修养好自己的品德也就能无往而不胜；无往而不胜，就没有人能估量他有多大的力量；有了无法估量的力量就可以治理国家；掌握了治理国家的根本原则，就可以长久存在。这就是巩固根基、永世长存的办法。

六十章

【题解】

本章讲的是治国的道理,"治大国,若烹小鲜"是老子所说的一句传颂很广的名言。这是个比喻,"烹小鲜"就是煎烹小鱼。这是用烹鱼比治国。小鱼很鲜嫩,用刀乱切或在锅里频频搅动,肉就碎了。国家的统治者治理国家,要像煎小鱼那样,不要常常翻弄。此外,老子是无神论者,他并不相信鬼神,虽然这一章一再讲到鬼神,但其含义是说,连鬼神都不伤害人,治理国家的统治者就更不能够伤害、烦扰人民了。这些并不表明老子是有神论者。

【原文】

治大国,若烹小鲜[1]。

【注释】

[1]烹:煎,煮。小鲜:小鱼。

【译文】

治理国家,就像煎小鱼那样(不要经常翻动它)。

【原文】

以道莅天下[1],其鬼不神[2];非其鬼不神,其神不伤人;非其神不伤人,圣人亦不伤人。夫两不相伤[3],故德交归焉[4]。

【注释】

〔1〕莅(lì):临,统治。
〔2〕神:用作动词,显示神灵。
〔3〕相:全部,共同。
〔4〕交归:都归于圣人。交,都。

【译文】

用道来治理天下,那些鬼就不会显灵了;不是鬼不会显示灵验,而是它的显灵不能害人;不是显灵不会伤害人,而是圣人也不伤害人。因为这两者都不伤害人,所以功德都将归于圣人。

六十一章

【题解】

本章是老子针对当时兼并战争带来的痛苦,讲应如何处理好大国与小国之间的关系,表达了老子有关治国和国与国关系的政治主张。在老子看来,国与国之间能否和平相处,关键在于大国,所以一再提出大国要谦下,不可以强大而凌辱、欺压、侵略小国。本章中仍有社会政治的辩证法思想。大国应该像江海,谦居下流,天下才能交归。大国还应像娴静的雌性,以静自处下位,而胜雄性。这里的国,是指大大小小的诸侯国。

【原文】

大邦者,下流也,天下之牝也[1]。天下之交也,牝恒以静胜牡[2]。为其静也,故宜为下也。

【注释】

[1]牝:雌性的鸟兽,含有柔弱的意思。
[2]牡:雄性的鸟兽。

【译文】

大国就好比是江河的下游,又好比是天下的雌性。天下的雌雄交合，雌性总是凭着沉静的性格战胜雄性。因为雌性安静，所以应该处在下面。

【原文】

故大邦以下小邦[1]，则取小邦；小邦以下大邦，则取于大邦。故或下以取，或下而取[2]。

【注释】

[1] 以下：用谦下的态度。以，用。

[2] 或：不定代词。实际第一个"或"指大国，第二个"或"指小国。

【译文】

所以，大国用谦下的态度去对待小国，就能取得小国的拥戴；小国用谦下的态度去对待大国，就能取得大国的庇护。所以，有的谦下能取得别人的拥戴，有的谦下能取得别人的庇护。

【原文】

大邦不过欲兼畜人[1]，小邦不过欲入事人[2]。夫两者各得所欲，则大者宜为下[3]。

【注释】

[1] 兼畜人：把更多的人并过来一起畜养。兼，合并，有"多加"的意思。

[2] 入事：事奉别人以求得到庇护。

[3] 大者宜为下：宜，应该。

六十一章

【译文】

　　大国不过是想要多畜养人,小国不过是想得到别人的庇护,(如果大国、小国都很谦下),那么它们就都能满足自己的要求。不过大国更应该注意谦下。

六十二章

【题解】

本章再一次宣扬"道"的好处和作用。老子认为,清静无为的"道",不但是善良之人的法宝,就是不善的人也必须保有它。所以有人认为,这一章的新意就在于指出世人在"道"面前一律平等。"道"保护善人,但也不抛弃不善之人,它有求必应,有过必除,这是"道"的可贵之处。如果说上一章,老子强调统一即"和"的思想在国与国之间关系上的运用,那么这一章则是强调道在人际关系上的运用。本章的目的,在于晓谕人君行"无为"之政。

【原文】

道者万物之奥[1]。善人之宝,不善人之所保[2]。美言可以市[3],尊行可以加人[4]。人之不善,何弃之有?

【注释】

[1] 奥:藏,这里有庇荫的意思。
[2] 所保:所以安身的东西。保,保护,引申为安身。
[3] 市:买卖,此处指买,得到。
[4] 尊行:尊贵的行为。加人:居于人上。

六十二章

【译文】

道是万物的庇护所,是善人的法宝,也是恶人借以安身的东西。美丽的语言可以用于交易,尊贵的行为可以给人施加影响。即使有人做了恶事,又何必抛弃他呢?

【原文】

故立天子,置三公[1],虽有拱璧以先驷马[2],不如坐进此道[3]。古之所以贵此道者何?不曰:求以得,有罪以免邪?故为天下贵。

【注释】

[1]三公:古代朝廷中三位地位最高的官员,周代为太师、太傅、太保。

[2]拱璧:大玉璧。拱,两手合围。璧,圆形中间有孔的玉。驷(sì)马:四匹马驾的车。

[3]坐进:立即进献此道。进,此处指把"道"讲给天子、三公听。

【译文】

所以,设立天子,设置三公,即使有大玉璧在先、驷马在后这样的重礼,也不如立即进献此道。从古以来人们重视规律的原因是什么呢?不就是为了依靠它有求而得、有罪而免吗?所以,道被天下人所重视。

六十三章

【题解】

本章旨在阐发"无为而无不为"的道理,也可以说是一种处世哲学。老子讲"为无为,事无事,味无味"的道理。从前几章的内容来看,老子反对以烦琐的禁令去束缚人民的手脚,限制和扰乱百姓的生活。要想有所作为,就必须采取顺应自然的态度,必须以平静的思想和行为对待生活。他提醒人们注意,做任何事情都是从小到大、由少到多、由易到难的。

【原文】

为无为,事无事,味无味。大小多少[1],报怨以德。

【注释】

[1]大小多少:根据上下文,意思是以小为大,以少为多。大、多都用作意动词。这与"报怨以德"以及下文提出的要重视细微之事的意思是一致的。

【译文】

把无为当作自己要干的,把无事当作自己要做的,把无味当作有味,以小为大,以少为多,以德报怨。

六十三章

【原文】

图难于其易[1],为大于其细[2]。天下难事,必作于易;天下大事,必作于细。是以圣人终不为大,故能成其大。

【注释】

[1]图:设法对付。
[2]细:小。

【译文】

设法对付困难要在它还容易解决的时候开始,实现大业要从很小的事情做起。天下的难事,都开始于容易的事;天下的大事,都开始于一些小事。因此圣人始终不自以为大,所以才能成就他的大。

【原文】

夫轻诺必寡信[1],多易必多难[2]。是以圣人犹难之[3],故终无难矣。

【注释】

[1]诺(nuò):允许,许诺。寡信:缺少信用。
[2]易:用作动词,把事情看得容易。
[3]难之:以之为难。之,泛指办事。

【译文】

轻易许诺,势必缺少信用;把事情看得越容易,就会遇到越多的困难。因此连圣人都把办事情看得很困难,所以他最终不会遇到困难。

六十四章

【题解】

这一章从内容上讲与前一章相接,仍然是谈事物发展变化的辩证法。与上一章联系起来读,也可以说又返回到"为无为,事无事,味无味"的道理。老子认为,大的事物总是从小的事物发展起来的,任何事物总有自身生成、变化和发展的过程,人们应该了解这个过程,对于在这个过程中事物有可能发生祸患的环节给予特别注意,杜绝它的出现。从"大生于小"的观点出发,老子进一步阐述事物发展变化的规律,说明"合抱之木""九层之台""千里之行"等远大事情,都是以"生于毫末""起于累土""始于足下"为开端的,形象地证明了大的事物无不是从细小的事物发展而来的。同时也告诫人们,无论做什么事情,都必须具有坚强的毅力,从小事做起,才可能成就大事业。

【原文】

其安易持[1],其未兆易谋[2],其脆易泮[3],其微易散。为之于未有[4],治之于未乱。合抱之木,生于毫末[5];九层之台,起于累土[6];千里之行,始于足下。

六十四章

【注释】

〔1〕持：掌握。

〔2〕兆：苗头，征兆。

〔3〕泮（pàn）：散，解。

〔4〕为：动词，做准备。

〔5〕毫末：毛的尖端，比喻细小。毫，长而尖锐的毛。

〔6〕累土：堆土，积土。

【译文】

事物稳定时，容易掌握；事物发展还没有出现苗头时，容易对付；事物发展处于脆弱状态时，容易灭掉；事物微小时，容易消散。在事情还没有发生的时候就做好准备，在国家还没有混乱时就注意治理。合抱的大树，是由细小的萌芽长成的；九层的高台，起于最初的堆土；千里的路程，是从第一步开始的。

【原文】

为者败之[1]，执者失之，是以圣人无为故无败，无执故无失。民之从事，常于几成而败之[2]。慎终如始，则无败事。

【注释】

〔1〕为：指不顺应以上所讲的自然规律，而勉强地去人为。下一句的"执"与此同义。

〔2〕几：将要。

【译文】

谁（不遵循以上规律）勉强人为，谁就会失败；谁勉强把持，谁就会有损失。所以圣人无所作为，就不会失败；不勉强把持就没有损失。人们做事，常常在快要成功的时候失败了。如果结束时仍像开始时那样慎重，就不会把事情办坏。

【原文】

是以圣人欲不欲[1]，不贵难得之货；学不学[2]，复众人之所过[3]，以辅万物之自然而不敢为。

【注释】

[1] 欲不欲：以不欲为欲。
[2] 学不学：以不学为学。
[3] 复：反，扭转，引申为纠正。过：过错。

【译文】

因此圣人以不欲为欲，不重视（一般人所喜爱的）奇货珍宝；圣人以不学为学，抛弃众人的过失而复归于根本。圣人按照万物的自然本性去帮助它们成功，而不敢勉强人为。

六十五章

【题解】

本章主要讲为政的原则。有一种观点认为,从本章和下一章的内容看,《老子》这部书的性质,一言以蔽之,是谓"人君南面之术",也就是说,不外乎为统治阶级出谋划策,而且谋划的都是阴险狡诈之术。对于这种观点,我们不敢苟同。

【原文】

古之为道者,非以明民[1],将以愚之。民之难治,以其智多。故以智治国,国之贼[2];不以智治国,国之福。

【注释】

[1] 明民:使百姓聪明。明,使动用法。
[2] 贼:伤害,这里引申为灾难。

【译文】

古时候修道的人,并不是要使百姓聪明,而是要使百姓变得憨愚。百姓难以治理,原因在于他们的智慧太多。所以说用智慧治国,是国家的灾难;不用智慧治国,是国家的福气。

【原文】

知此两者亦稽式[1]。常知稽式，是谓玄德，玄德深矣远矣，与物反矣[2]，然后乃至大顺[3]。

【注释】

[1]两者：指"以智治国"的坏处和"不以智治国"的好处。亦：相当于"是"。稽式：原则。

[2]物：事物。这里指一般的事理。

[3]然后：这样以后。然，代词，指以上所讲的情况。大顺：非常顺利。是说具有高尚品德的人办事好像与事理相背，然而办起事来却十分顺利。

【译文】

要懂得以上两条是治国的原则。能常常知道这一原则，就可以称作深奥的德。深奥的德高远深邃，与万物复归于大道，然后就能达到太平之治。

六十六章

【题解】

本章讲的是"不争"的政治哲学。老子通过大国与小国的关系,讲了"大者宜为下"的道理,讲了"圣人"也要"为下"。他认为,统治者应该处下、居后,这样才能对百姓宽厚、包容,就好像居处于下游的江海可以包容百川之水那样。本章开头用江海作比喻,这和第三十二章"譬道之在天下,犹川谷之于江海"的意思相同。老子喜欢用江海来比喻人的处下居后,同时也以江海象征人的包容大度。

【原文】

江海所以能为百谷王者[1],以其善下之[2],故能为百谷王。是以欲上民[3],必以言下之;欲先民[4],必以身后之。是以圣人处上而民不重,处前而民不害[5]。是以天下乐推而不厌[6]。以其不争,故天下莫能与之争。

【注释】

〔1〕谷:小河流。

〔2〕下之:居于小河之下。之,代指"百谷"。

〔3〕上民:处于民上,即统治人民。

〔4〕先民：处于民前，即领导人民。

〔5〕害：感到有妨害。

〔6〕推：推举，拥戴。

【译文】

江海之所以能成为百川的首领，原因在于它善于处于百川的下游，所以才能成为百川的首领。因此要想统治人民，必须用言语对人民表示谦下；要想领导人民，必须把自己置于人民的后面。所以圣人处于上位而人民并不感到沉重，处于前面而人民并不觉得受到损害。因此天下人都乐于拥戴他而不感到讨厌。因为圣人不与人争，所以天下也没有人能够与他相争。

六十七章

【题解】

这一章是"道"的自述,讲的是"道"在政治、军事方面的具体运用。老子说,"道"的原则有三条(即三宝):"慈",即爱心加上同情感;"俭",即含藏培蓄,不奢侈,不肆为;"不敢为天下先",是"谦让""不争"的思想。有"道"的人运用这三条原则,就能取得非常好的效果,否则,便会自取灭亡。本章实际是对"德经"三十八章以来的一个小结。

【原文】

天下皆谓我大[1],大而不肖[2]。夫唯不肖,故能大。若肖,久矣其细也夫[3]。

【注释】

〔1〕大:含有大而不当、高深而迂阔的意思。
〔2〕肖:像。
〔3〕细:小。

【译文】

天下人都认为我大,似乎什么都不像。正因为它不像样子,所以才能大。如果像个什么具体东西，它早就变得微小了。

【原文】

我恒有三宝[1]，持而宝之[2]：一曰慈[3]，二曰俭[4]，三曰不敢为天下先。夫慈故能勇，俭故能广[5]，不敢为天下先，故能为成器长[6]。

【注释】

[1] 三宝：这里所说的"三宝"，实际上也就是第六十二章所讲的"善人之宝"——"道"。因为"慈""俭""不敢为天下先"都属于"道"的表现。

[2] 宝之：以之为宝。

[3] 慈：慈爱。

[4] 俭：俭约。

[5] 广：扩大展开，无所不为。

[6] 器长：万物的首长。器，物。

【译文】

我有三件法宝，我要牢牢地掌握并珍视着它们：一是慈爱，二是俭约，三是不敢居于天下人之先。保持慈爱，所以才能勇猛；保持俭约，所以才能无所不为；不敢居于天下人之先，所以才能成为万物的首长。

【原文】

今舍其慈且勇，舍其俭且广，舍其后且先，则死矣。夫慈，以战则胜，以守则固。天将建之，如以慈垣之。

六十七章

【译文】

　　现在如果舍去慈爱以及勇猛,舍去俭约以及广博,舍去退让以及先进,结果只有死亡。保持慈爱,凭它作战就能胜利,凭它守卫就能巩固。天要救助一个人,就像是用慈爱来保护他。

六十八章

【题解】

这一章是专从用兵的意义上来讲战略战术的原则。其中心意思在于阐明上一章所讲"夫慈,以战则胜,以守则固"的道理。它要求人们不逞勇武,不轻易激怒,避免与人正面冲突,充分发挥人的才智能力,善于利用别人的力量,以不争达到争的目的。老子认为,这是符合天道的,是古老的准则。

【原文】

善为士者不武[1],善战者不怒[2],善胜敌者弗与[3],善用人者为之下[4]。是谓不争之德,是谓用人,是谓配天,古之极也[5]。

【注释】

[1] 士:古代文人、武人皆称"士",这里指武士。武:勇猛,勇敢。

[2] 怒:发怒。

[3] 与:交接,这里指与敌人作战。

[4] 为之下:处人之下。为,处,居。之,代指所用的人。

[5] 极:极致。

六十八章

【译文】

　　善于做武士的人不依赖勇猛,善于作战的人不发怒,善于胜敌的人不与敌人作战,善于用人的人先对人表示谦下。这就是不与人争夺的品德,这就叫作用人,这就叫作与天相配,是古时极致的境界。

六十九章

【题解】

本章仍是从军事的角度谈以退为进的处世哲学。老子认为，战争应以守为主，以守而取胜，表现了老子反对战争的思想，同时也表明老子处世哲学中的退守、居下原则。这一章讲到的"哀兵必胜，骄兵必败"，是兵家的千古名言。本章和前两章是相应的，都是在阐明哀、慈、柔的道理，以明不争之德。

【原文】

用兵有言："吾不敢为主而为客[1]，不敢进寸而退尺。"是谓行无行[2]，攘无臂[3]，执无兵，乃无敌矣。祸莫大于轻敌[4]，轻敌几丧吾宝[5]。故抗兵相若[6]，哀者胜矣[7]。

【注释】

[1]主：主动进攻别人。客：被动地防守。

[2]行无行：同"无行行"，不摆军阵。前一个"行"作动词用，指行动，排列。后一个"行"作名词用，指军阵。

[3]攘无臂：同"无攘臂"，不要卷起袖子以示争斗。

[4]轻敌：轻易与人为敌。与今天的"轻敌"意思不同。

[5]几丧吾宝：如果轻易与人为敌，这基本上是违背了规

律。丧，丧失，引申为违背。宝，指"道"。

〔6〕抗兵：举兵。抗，举。若：相等。

〔7〕哀者胜矣：反对战争，但又受到攻击，不得不带着悲哀心情去自卫反击的人能够取胜。哀，悲哀。

【译文】

用兵的人说过："我不敢主动地进攻别人，而只是被动地防守；我不敢前进一寸，而宁可后退一尺。"这就是说不要随便动用军队，不要随便奋臂争斗，不要随便攻击敌人，不要随便使用兵器。最大的灾祸就是轻易与人为敌，轻易与人为敌基本上算是违背了规律。所以两军举兵对抗，（被迫自卫）心情悲伤的一方获胜。

七十章

【题解】

本章流露出老子对当时的统治者失望的情绪。他提出的一系列政治主张,很容易理解,很容易实行,却没有任何人理解和实行。看来,他的那一套治天下的理想,只有他幻想中的"圣人"才能实现,在现实中是无法实现的。他不了解,任何治国方案都必须适应统治阶层的利益,否则,他们是不会采纳、不会去实行的。于是,老子就有了这一篇感慨之论。本章是专对掌权者而言的,不是对一般人说的。文中的"我""吾"等词,可谓"道"的人格化。

【原文】

吾言甚易知,甚易行;天下莫能知,莫能行。言有宗,事有君[1]。夫唯无知,是以不我知[2]。知我者希,则我贵矣[3],是以圣人被褐怀玉[4]。

【注释】

[1]言有宗,事有君:我的主张是有所效法的,我要求做的事也是有一定根据的。宗,尊奉,效法。君,主,引申为根据。老子的这两句话的意思是说自己的言论、行事都不是凭空而来,

七十章

而是有所依据的,这个依据就是"道"。

〔2〕不我知:即"不知我"。知,理解。

〔3〕则:效法。贵:可贵,这里引申为难得,稀少。

〔4〕褐:古代穷人穿的粗布衣,比喻贫贱的生活。玉:比喻美好的才能。

【译文】

我的主张很容易理解,也很容易实行。然而天下竟没有人能够理解,也没有人能够实行。我提出的主张都是有所效法的,我要求做的事也是有一定根据的。由于人们太无知了,所以不能理解我。理解我的人太少了,效法我的就很难得了。因此圣人虽然怀着美好的才能,却过着贫贱的生活。

七十一章

【题解】

这一章是讲人贵有自知之明。在社会生活中,有一些人自以为是,不懂装懂,刚刚了解了一些事物的皮毛,就以为掌握了宇宙变化与发展的规律;还有些人没有什么知识,而是凭借权力地位,招摇过市,摆出一副智者的架势,用大话、假话欺人、蒙人。对于这些人,老子大不以为然,并且提出了尖锐的批评。

【原文】

知不知,尚矣[1];不知知[2],病也。是以圣人之不病也,以其病病也[3],是以不病。

【注释】

[1]知不知,尚矣:知道自己有所不知,最好。
[2]不知知:不懂却装懂。
[3]病病:把病看作病。第一个"病"是动词,意思是"把……看作病"。第二个"病"是名词。

【译文】

知道自己有所不知,最好;不懂而装出懂得的样子,这是毛病。圣人之所以没有这种毛病，是因为他把这种毛病当作毛病，所以就没有毛病。

七十二章

【题解】

上一章讲的自知之明是就一般情况而论的。本章着重讲统治者要有自知之明,反对采取高压政治,反对肆无忌惮地压榨百姓。老子认为,老百姓一旦不畏惧统治者的残暴统治,那么可怕的反暴力斗争就要发生了。他希望统治者不要自居高贵,而要自知,自爱,抛弃自见和自贵,这样,就不会遭到人民的反抗。此章讲的"不自贵",与第十三章讲的"贵身"、第四十四章讲的"名与身孰亲"的内涵不同。"贵身"讲维护人的尊严,自重自爱,不以荣辱忧患和其他身外之物损害自身的尊贵;"名与身孰亲"则说人的价值比名利更可宝贵,不要为争夺身外的名利而轻生伤身。

【原文】

民不畏威,则大威至;无狎其所居[1],无厌其所生[2]。夫唯不厌,是以不厌。

【注释】

[1]狎:通"狭",狭迫。
[2]厌:通"压",压迫。所生:借以生存的东西,即衣食。

七十二章

【译文】

人民不畏惧威压,那大的威胁就要来到了;不要挤掉他们的居所,不要压迫他们的生活。只因为不压迫,人民才不厌弃。

【原文】

是以圣人自知不自见[1],自爱不自贵。故去彼取此[2]。

【注释】

[1]见:通"现",表现。
[2]彼:指"自见""自贵"。此:指"自知""自爱"。

【译文】

所以圣人有自知之明而不表现出来,有自爱之心却不抬高自己。因此应该抛弃前面的做法而采取后者。

七十三章

【题解】

本章主要讲人生哲学有两层意思,第一层意思是柔弱胜刚强,第二层意思是天道自然。这两层意思之间是相互沟通的。老子认为,两种不同的勇,会产生两种不同的结果,一则遭害,一则存活。"勇于敢者则杀,勇于不敢者则活。"自然界的万事万物只要依照自然的规律变化和发展,就会有好的结果,不会有什么漏失。在这里,老子讲了自然无为的人生哲学,细细读来,颇能启迪人的心灵。

【原文】

勇于敢者则杀[1],勇于不敢者则活[2]。此两者,或利或害。天之所恶[3],孰知其故[4]?

【注释】

[1] 勇:奋勇,努力。敢:果敢,坚强。
[2] 不敢:谦退,柔和。
[3] 所恶:所讨厌的东西,指"敢"。
[4] 孰:谁。故:原因。

【译文】

努力于果敢坚强的人就会死亡,努力于谦退柔和的人就能生存。这两种努力,有的得益,有的受害。天讨厌一些东西,谁能知道它讨厌这些东西的原因是什么呢?

【原文】

天之道,不争而善胜,不言而善应,不召而自来,坦然而善谋[1]。天网恢恢[2],疏而不失[3]。

【注释】

[1] 坦然:坦荡的样子。
[2] 恢恢:广大的样子。
[3] 疏:稀。

【译文】

天的运行规律是不争夺而善于取胜,不说话而善于应答,不召唤而自动到来,坦荡无私而善于谋划。天就像一张广大无边的网,网孔虽稀却从不疏漏。

七十四章

【题解】

这一章讲老子的政治主张。他以为当时统治者施行苛政和酷刑，滥杀百姓，压制民众，其结果是，一旦人民不忍受了，就不会畏惧死亡。人的自然死亡，是"司杀者杀"的天道掌管的，但人间的君主残暴无道，把人民推向死亡线，这从根本上悖逆了自然法则。因此，从本章内容看，它是老子对当时严刑酷法、逼使人民走向死途的情形，提出的批评与抗议。

【原文】

若民恒且不畏死，奈何以杀惧之也？若民恒且畏死，则为奇者[1]，吾将得而杀之[2]，夫孰敢矣？若民恒且必畏死，则恒有司杀者[3]。夫代司杀者杀，是代大匠斫也[4]。夫代大匠斫者，希不伤其手矣。

【注释】

〔1〕为奇：干坏事。为，做。奇，邪。

〔2〕吾：不是指老子本人，而是以统治者的口气说话。

〔3〕司杀者：掌握杀人权的，这里主要指大自然的天灾、老死、病亡等。司，主管。

〔4〕大匠：技术高超的木工。斫（zhuó）：砍，削。

【译文】

百姓不怕死，为什么要用刑杀去威胁他们呢？如果百姓一直是怕死的，那么对于那些干坏事的，统治者就把他们抓来杀掉，谁还敢干坏事？如果百姓确实总是怕死，那总有掌管杀人的。代替掌管杀人的去杀人，这好比代替技术高超的木工去砍削木头一样。代替技术高超的木工去砍削木头，很少有不伤着自己手指的。

七十五章

【题解】

上一章里,老子对严苛的政治压迫给予了抨击,要求统治者善待民众。这一章里,老子又对繁重的经济剥削进行指责。《老子》里的第七十二章、第七十四章、本章和第七十七章,基本上都是对统治者进行无情揭露和严重警告。他认为,宽容的政治,比暴虐的政治要高明得多。因为一旦人民不畏惧死亡而进行反抗,为求生存而暴动,统治者的日子就不好过了。

【原文】

民之饥,以其上食税之多[1],是以饥;民之难治,以其上之有为[2],是以难治;民之轻死[3],以其求生之厚,是以轻死。夫唯无以生为者[4],是贤于贵生[5]。

【注释】

〔1〕上:指统治者。
〔2〕有为:有所作为,指各种行政管理的措施。
〔3〕轻死:看轻死亡,不重视生命。
〔4〕无以生为:不以生为事,即不把生命看得十分重要。
〔5〕贤于:胜过。

七十五章

【译文】

百姓受饿,是因为统治者收税太多,所以受饿;百姓难以治理,是因为统治者有所施为,所以难以治理;百姓不怕死(敢于反抗),是因为他们求生太厚,所以百姓不怕死。那些不一味求生的人,胜过重视生命的人。

七十六章

【题解】

这一章以生活中常见的现象,反复说明这样一种观点:柔弱胜刚强。老子向来主张贵柔,他从直观的认识角度,看到了人出生之时,身体是柔弱的,死了以后就变得僵硬了;草木初生之时也是柔弱的,死了以后就变得枯槁。这种直观的、经验的认识,可以说是老子贵柔思想的认识论之根源。

【原文】

人之生也柔弱,其死也坚强;草木之生也柔脆,其死也枯槁。故曰坚强者死之徒[1],柔弱者生之徒。是以兵强则灭,木强则折[2]。强大处下,柔弱处上[3]。

【注释】

〔1〕徒:类,属。与五十章"生之徒十有三,死之徒十有三"用法一样。

〔2〕兵强则灭,木强则

七十六章

折:王弼本原作"兵强则不胜,木强则兵",今据《列子·黄帝篇》《淮南子·原道训》改。

〔3〕强大处下,柔弱处上:枝干坚强的处于下,枝条柔弱的却处于上。实际上讲的是柔弱胜刚强的道理。

【译文】

人活着时身体是柔软的,死后身体是僵硬的。草木活着时是柔软的,死后是枯槁的。所以追求坚强是条死路,保持柔弱是条生路。因此兵力强大了就会灭亡,树木强硬了就会折断。坚强庞大的东西总是处于下面,柔软微小的东西总是居于上面。

七十七章

【题解】

本章透露出一种朦胧的、模糊的平等与均衡思想。这是老子的社会理想。他以"天之道"来与"人之道"作对比,主张"人之道"应该效法"天之道"。老子把自然界保持生态平衡的现象归纳为"损有余而补不足",因此他要求人类社会也应当改变"损不足以奉有余"的不合理、不平等的现象,效法自然界的"损有余而补不足""有余以奉天下",体现了他的社会财富平均化和人类平等的观念。因而,这一章是第七十四章、第七十五章里"民不畏死,奈何以死惧之""民之饥,以其上食税之多"这一思想的继续和发展,表达了老子对统治者推行苛政的痛恨,对老百姓生活艰难困苦的同情。所以,这是《老子》所有的人民性一面,是其精粹。

【原文】

天之道,其犹张弓与[1]?高者抑之,下者举之;有余者损之[2],不足者补之。天之道,损有余而补不足,人之道则不然[3],损不足以奉有余。

七十七章

【注释】

〔1〕犹：像。张弓：在弓上装弦。弦的两端必须安装在弓两头相等的地方，一头高一头低是不行的，所以下文说："高者抑之，下者举之。"

〔2〕有余者损之：弓弦长了就剪短一些。有余者，指过长的弓弦。损之，减少它。

〔3〕不然：不是这样。然，代词，这样。

【译文】

天的运行规律不是很像安装弓弦吗？高的一端要压低一点，低的一端要抬高一点；长的一端要剪短一些，短的一端要补长一些。天的运行规律是减损有余的而补给不足的，人世的行径却不是这样，而是减损不足的去奉献给有余的。

【原文】

孰能有余以奉天下[1]？唯有道者。是以圣人为而不恃，功成而不处，其不欲见贤邪[2]。

【注释】

〔1〕有余以奉天下：把多余的东西奉献给天下人。

〔2〕见贤：表现自己的恩德和才能。见，通"现"。贤，这里是品德好有才能的意思。

【译文】

　　谁能够把多余的东西奉献给天下人?只有懂得规律的人才能如此。因此圣人帮助了万物而不依赖它们,功成而不居功,他是不愿表现自己的恩德和才能吧?

七十八章

【题解】

本章以水为例,说明弱可以胜强、柔可以胜刚的道理。第八章说"水善利万物而不争",本章可与第八章的内容联系起来阅读。老子所举水的例子是人们日常生活中常见的。水最为柔弱,但柔弱的水可以穿透坚硬的岩石。水看起来软弱无力,却有任何事物都不能抵挡的力量。这就清楚地说明,老子所讲的软弱、柔弱,并不是通常人们所说的软弱无力的意思。由于水性趋下居卑,实际上反而能够保持高高在上的地位。本章后面有一句话"正言若反",集中概括了老子辩证法思想,其含义十分深刻、丰富。

【原文】

天下莫柔弱于水,而攻坚强者莫之能胜[1],以其无以易之[2]。弱之胜强,柔之胜刚,天下莫不知,莫能行。是以圣人云:受国之垢[3],是谓社稷主[4];受国不祥,是为天下王。正言若反。

【注释】

〔1〕莫之能胜:即"莫能胜之"。

〔2〕无以易之:没有什么可以代替它。无以,没有什么。

易,代替。

〔3〕垢:屈辱。

〔4〕社稷:国家。社是土神,稷是谷神,由于历代王朝建立时都要立社稷而祭祀神灵,因此社稷也就成了国家的代称。

【译文】

天下最柔弱的东西是水,然而攻击坚硬东西的力量没有能够胜过它的,也没有能够代替它的。弱胜强、柔胜刚的道理,天下没有人不懂,然而却没有人能够照着办。所以圣人说:"能够承担国家的屈辱,这才算是天下的君主;能够承担国家的灾难,这才算是天下的君王。"这些正面的话听起来就像反话一样。

七十九章

【题解】

本章继续讨论"损有余而补不足"的道理,揭示为政者不可蓄怨于民,警告统治者不要激化与老百姓之间的矛盾。因为积怨太深,就难以和解,用税赋去榨取百姓,用刑政去钳制百姓,都会构怨于民。所以,为政者应该像有道的圣人那样,行"无为"之治,以"德"化民,给予而不索取,不扰害百姓,这就是"执左契,而不以责于人"。

【原文】

和大怨[1],必有余怨,安可以为善[2]?是以圣人执左契,而不以责于人[3]。

【注释】

[1]和大怨:和解了大的怨仇。

[2]安:怎么。

[3]左契:收债的凭据。古代借债时,在木板或

竹板上写清借债内容，然后一分为二，债权人保存左边的一半，负债人保存右边的一半。左契，即左边的一半，是讨债的凭据。责：讨债。

【译文】

即使和解了大怨，也一定还有余怨，怎么能算是尽善尽美呢？所以圣人即使握有讨债的契约，也不向人索取欠债。

【原文】

故有德司契[1]，无德司彻[2]。夫天道无亲，常与善人[3]。

【注释】

〔1〕司：主管。
〔2〕彻：周代的一种收税法。
〔3〕与：帮助。善人：指按照规律办事的人。

【译文】

所以具有高尚品德的人就像上述握有契约的圣人一样（不对人索取），没有高尚品德的人就像主管收取租税的人一样（十分苛刻）。天的运行规律对谁也不偏爱，它总是帮助按照规律办事的好人。

八十章

【题解】

这是老子理想中的一幅美好"国家"蓝图,也是一幅充满田园气息的农村欢乐图。老子用理想的笔墨,着力描绘了"小国寡民"的农村社会生活情景,表达了他的社会政治理想。这个"国家"很小,大约相当于现在的一个村庄,邻国相望,鸡犬之声相闻,人们从生到死也不互相往来。在这里,没有强取和暴力,没有欺骗和狡诈的恶行,民风淳朴敦厚,生活安定恬淡,人们用结绳的方式记事,不会攻心斗智,也就没有必要冒着生命危险远徙谋生。老子的这种设想,当然是一种幻想,是不可能实现的。

【原文】

小国寡民[1]。使有什伯人之器而不用[2],使民重死而不远徙[3]。

【注释】

〔1〕小、寡:都用作动词,使国小,使民少。

〔2〕什伯人之器:千倍百倍于人力的器具,包括下文所讲的舟舆、甲兵等。

〔3〕重死:把死亡看得很重,也即重视生命。徙:搬迁。

【译文】

国家要小,人民要少。让人民虽有十倍百倍于人力的器械却不使用,使人民看重生命而不随便搬迁。

【原文】

虽有舟舆[1],无所乘之[2];虽有甲兵[3],无所陈之[4];使民复结绳而用之[5]。

【注释】

〔1〕虽:即使。舆:车。
〔2〕无所:没有因由,没有必要。所,代词,代指"乘之"的原因。
〔3〕甲兵:战服和兵器,这里泛指武器装备。
〔4〕陈:陈列,引申为使用。
〔5〕结绳:远古没有文字,人们依靠在绳上打结以帮助记事。

【译文】

即使有车船,也没有必要去乘坐它们;即使有武器装备,也没有必要去使用它们;让人们重新使用结绳的方法去记事。

【原文】

甘其食[1],美其服,安其居,乐其俗。邻国相望,鸡犬之声相闻,民至老死,不相往来。

【注释】

〔1〕甘其食:使他们吃好。甘,动词。下面的"美""安""乐"

八十章

的用法同"甘"。

【译文】

（使百姓）觉得食物甘美，衣服漂亮，居住安适，风俗和乐。邻国互相看得见，鸡狗之声互相听得见，而人们直到老死也不往来。

八十一章

【题解】

本章是《老子》的最后一章,应该是全书正式的结束语。本章采用了与第九章、第十章、第十五章、第二十章、第三十三章、第四十五章、第六十四章、第七十六章相类似的格言警句的形式。前三句讲人生的主旨,后两句讲治世的要义。本章的格言,可以作为人类行为的最高准则,例如信实、讷言、专精、利民而不争。人生的最高境界是真、善、美的结合,而以真为核心。本章含有朴素的辩证法思想,是评判人类行为的道德标准。

八十一章

【原文】

信言不美[1],美言不信。善者不辩[2],辩者不善。知者不博[3],博者不知。

【注释】

[1]信言:诚实的话,真话。

[2]辩:会说话,有口才。

[3]知:同"智",明智。一说应解释为懂得,知道,也通。博:广泛地学习。

【译文】

真话不好听,好听的不是真话。好人不巧辩,巧辩的不是好人。明智的人不去广求知识,广求知识的人不明智。

【原文】

圣人不积:既以为人[1],己愈有;既以与人,己愈多。故天之道,利而不害;人之道,为而不争。

【注释】

[1]既:尽,全部。为:帮助。

【译文】

圣人毫无保留:尽全力帮助人,他自己反而富有;把一切给予人,他自己反而充实。天的道,施利于万物而从不损害它们;人的道,只帮助别人而从不与人争夺。